> **LILY MERKLIN**

Scheutraining für Pferde

KOSMOS ratgeber

Fluchttier

Pferde sind Fluchttiere. Aber deshalb müssen sie nicht sofort kopflos wegrennen, wenn sie sich erschrecken. Jedes Pferd kann lernen, auf fremde Gegenstände anders als mit Panik zu reagieren und sich von seinem Reiter beruhigen zu lassen. Genau wie jede andere Ausbildung erfordert auch das Scheutraining Zeit und Geduld. Dafür macht sich die Arbeit doppelt bezahlt. Sie und Ihr Pferd gewinnen Sicherheit im Alltag und in besonderen Situationen, das gegenseitige Vertrauen wächst.

Die Psyche des Pferdes

In den Jahrmillionen der Evolution haben Pferde Flucht als Überlebensstrategie entwickelt. In der freien Wildbahn hat sich das Weglaufen vielfach bewährt. Wenn Gefahr bestand, war es am besten, man brachte erst einmal ein paar Meter zwischen sich und den vermeintlichen Angreifer. Dem domestizierten Haustier Pferd bringt dieser Fluchtmechanismus keine Vorteile – und seinem Reiter erst recht nicht. Trotzdem können wir diese Veranlagung nicht einfach löschen.

Wir müssen das Pferd mit den veränderten Umweltbedingungen vertraut machen, müssen ihm unsere – und damit seine – hektische Welt zeigen, müssen sein Vertrauen in uns, seine Umgebung und auch in sich selbst fördern. Wie das Reiten und der Umgang mit dem Pferd ist es ein Weg des lebenslangen Lernens. In diesem Buch möchte ich Ihnen keine allein selig machende Methode und keine Zaubertricks verkaufen, sondern Werkzeuge für diesen Weg zeigen. Probieren Sie selbst aus, was Ihnen gefällt, und behalten Sie nur das Beste!

Immer in Bewegung – Pferde sind lauffreudige Tiere.

T   Tipp

Ich kenne zwei Möglichkeiten, um die beschränkte Sicht nach vorne auszuprobieren.
Viele Masken besitzen nur ein kleines Löchlein für die Augen und schränken das Gesichtsfeld derart ein, dass man circa einen Meter vor sich nichts sieht. Besonders Kinder finden an dieser Art des Pferdchen-Spielens schnell Gefallen. Die einfachere Möglichkeit besteht darin, mit den Händen über der Nase ein Dach zu bilden. Legen Sie dazu Ihre Zeigefinger im Dreieck unter die Augen und platzieren Sie sie so, dass Sie einen guten Meter vor sich den Boden nicht sehen können. Und jetzt laufen Sie so über Stangen, Cavaletti, Reifen und sonstige Hindernisse oder quer durch den Wald, über eine unebene Wiese ... Führen Sie sich gegenseitig und denken Sie immer daran, wie es Ihnen ergangen ist, wenn Sie Ihr Pferd führen oder reiten.

Die Sinne des Pferdes

Um zu verstehen, wie Pferde die Welt erleben, wie sie reagieren und wie sie lernen, ist es hilfreich, über einige grundlegende Kenntnisse von ihren Sinnen zu verfügen und um die Unterschiede zu der menschlichen Wahrnehmung zu wissen.

Sehsinn

Dass man sich einem Pferd nicht von hinten nähern soll, weiß jeder Reitanfänger. Auch dass man deshalb so aufpassen muss, weil Pferde von hinten kommende Personen nicht sehen, ist den meisten Reitern bekannt. Doch wie und wo das Pferd ansonsten sieht oder eben nicht sieht – darüber herrscht auch bei fortgeschrittenen Reitern Unklarheit. Selbst in der Fachliteratur gibt es gegenteilige Aussagen zu dem Sehvermögen von Pferden. Deshalb möchte ich mich hier auf einige wesentliche Punkte beschränken, die als relativ sicher gelten.

Vergleichen wir die Position der Augen bei Pferd und Mensch, fällt als erstes auf, dass die Augen beim Pferd seitlich und beim Menschen vorne am Kopf angebracht sind. Dadurch haben wir natürlich ein ganz anderes Blickfeld. Der Unterschied wird deutlich, wenn wir den Kopf ruhig halten und ausprobieren, wie weit wir nur durch Bewegen der Augen nach rechts und links sehen können. Halten wir uns nun zum Vergleich ein Auge zu, sehen wir nicht viel weniger. Beim Pferd ist das genau umgekehrt. Den größten Teil seiner Umgebung sieht es jeweils nur mit einem Auge. Das kann eine Erklärung dafür sein, warum ein Pferd vor etwas, das es schon zigmal am Wegrand gesehen hat und was es schon lange nicht mehr als gefährlich einstuft, plötzlich scheut, wenn wir den Weg in die andere Richtung reiten. Beim Scheutraining können wir einfach darauf achten, dass wir alle Übungen von beiden Seiten machen und Hindernisse von allen möglichen Seiten angehen.

Und eine weitere Besonderheit ist für das Training wichtig. Vor der Nase hat das Pferd genau wie hinter sich einen

Bereich, in dem es gar nichts sieht. Das ist für uns Menschen nur schwer vorstellbar. Direkt hinter uns sind wir zwar auch quasi blind, aber direkt vor uns sehen wir von der Nasenspitze bis zu den Füßen alles. Um die Reaktionen des Pferdes richtig zu verstehen, ist es wichtig, sich in es hineinzuversetzen und auszuprobieren, was es heißt, über Stangen zu laufen oder zu springen, die man bestenfalls einen Meter davor zum letzten Mal gesehen hat; am Zügel gehen zu müssen und den Kopf nicht bewegen zu dürfen, so dass man eine vermeintliche Gefahr nicht optimal anschauen kann, oder den Boden unter den Füßen nur zu erahnen.

Geruch und Geschmack

Als mich ein kleines Mädchen, das bei uns im Stall reitet, fragte, ob Pferde riechen können, wurde es von ihrer Mutter mit den Worten „Oh ja, schrecklich!" unterbrochen. Doch das war wohl nicht ganz die Antwort, die es erhofft hatte ... Wahrscheinlich sind Geruch und Geschmack beim Pferd sogar noch enger verbunden als beim Menschen. Es kann nämlich nicht nur mit der Nase riechen, sondern hat noch ein besonderes Riechinstrument, das so genannte Jacobsonsche Organ, am hinteren Gaumen. Das dient vor allem dazu, chemische Botenstoffe zu untersuchen und zu identifizieren.

LINKS: *Sehen wie ein Pferd: Lassen Sie sich ruhig mal mit eingeschränktem Gesichtsfeld führen.*
RECHTS: *Neugierig – das Maul und die Nüstern spielen beim Erforschen von Unbekanntem eine wichtige Rolle.*

Pferde, die ganzjährig auf der Weide gehalten werden, sind Umwelt-reizen gegenüber nicht so schreckhaft wie Pferde in Boxenhaltung.

In der Luft sind nämlich noch eine ganze Reihe Duftstoffe enthalten, die wir nicht (oder nur unbewusst) wahrnehmen. Das kann beim Scheutraining manchmal eine große Rolle spielen. Bekannt ist zum Beispiel die Tatsache, dass viele Pferde bei dem Geruch von Schweinen fast ausflippen, während anderen weder der Gestank noch das Gequieke viel auszumachen scheint. Auch beim Betreten von Pferdetransportern, Reithallen oder wenn wir an einem Feuer vorbeikommen, stellt der Geruch einen nicht zu vergessenden Faktor dar.

Und für noch etwas haben Pferde einen feinen Riecher: für unsere Emotionen. Je nach Gefühl riechen wir unterschiedlich, weshalb Pferde und andere Tiere, die einen feinen Geruchssinn haben, immer wissen, wie's uns geht. Pferde bemerken zum Beispiel unsere Angst, selbst wenn wir versuchen, uns nichts anmerken zu lassen, tief durchatmen und so weiterreiten, als wenn nichts wäre; und sie reagieren je nach Tempe-

rament unterschiedlich darauf. So werden „nette" Pferde vorsichtig weiterlaufen und gut auf ihren Reiter aufpassen, junge Pferde werden vielleicht verunsichert reagieren und scheuen oder versuchen durchzugehen. Und dann gibt es natürlich die Spezialisten, die einfach stehen bleiben und „sicherheitshalber" keine Kommandos mehr annehmen ...

Das Gehör

„Warum hast du denn so große Ohren?", fragte schon Rotkäppchen seine Großmutter beziehungsweise den Wolf. „Damit ich dich besser hören kann!", war die logische Antwort. Und Pferde? Auch sie haben im Verhältnis zum Menschen große Ohren. Doch hören sie damit wirklich besser?

Klar ist auf jeden Fall, dass sie anders hören als wir. Logisch, sie haben ja auch ganz andere Ohren, die sie außerdem anders gebrauchen als wir. Abgesehen von ein paar Witzbolden, die ihre Freunde damit zum Lachen bringen,

Können wir uns riechen? Auch bei der Begrüßung kommt der Geruchssinn zum Einsatz.

zurückgelegt. Interessiert sich das Pferd sehr für etwas, wendet es den Kopf dorthin und spitzt beide Ohren. Hört es mehrere Sachen gleichzeitig, bewegt es seine Ohren unabhängig voneinander.

Beim Scheutraining müssen wir natürlich auch den Aspekt der „gefährlichen" Geräusche berücksichtigen. Viele Pferde fürchten sich besonders vor lauten, plötzlichen Geräuschen, solchen, die sie nicht einordnen können, oder Lärm der von hinten kommt. Das können wir üben. Außerdem sollten wir immer darauf achten, dass die Aufmerksamkeit des Pferdes beim Training dort ist, wo wir sie haben wollen. Dafür sind die Ohren ein hervorragender Indikator.

dass sie mit den Ohren wackeln, haben Menschen sehr unbewegliche Ohren. Pferde hingegen können ihre Ohren in alle Richtungen drehen, um ein Geräusch besser zu orten. Das machen sie unabhängig von der Haltung ihres Kopfes. Wenn sie etwas sehr interessant finden, wenden sie Ohren und Augen dorthin. Sie können ihre Aufmerksamkeit jedoch auch teilen und zum Beispiel ein Ohr zum Reiter hin drehen, während sie mit dem anderen horchen, was neben der Reitbahn los ist. Diese Flexibilität ist deshalb so wichtig, weil das Pferd ein Fluchttier ist. Da Raubtiere von allen Seiten angreifen können, reicht es nicht, sich nur auf einen Punkt zu konzentrieren, sondern es ist sinnvoll, möglichst viele Informationen aus allen Richtungen zu sammeln. Wir können also, wenn wir Pferde beobachten, an der Stellung der Ohren erkennen, wo sie mit ihrer Aufmerksamkeit sind. Wenn sie sich sicher fühlen und müde oder gelangweilt sind, hängen die Ohren entspannt zur Seite oder sind locker

Immer aufmerksam: Während das linke Pferd beide Ohren nach vorne richtet, sichert das rechte nach hinten.

Scheutraining mit allen Sinnen: Den Ball kann das Pferd nicht nur sehen oder hören, sondern auch am eigenen Körper spüren.

Tastsinn

Zum Riechen haben wir eine Nase, zum Sehen zwei Augen und zum Hören zwei Ohren, zum Tasten haben wir – ja, was eigentlich? Genau wie Menschen haben auch Pferde nicht ein spezielles Tastorgan, sondern es ist die Haut, die diese Funktion übernimmt. Doch wir benützen nicht die ganze Haut gleichmäßig zum Tasten, sondern vor allem unsere Hände. Und die Pferde? Da sie nicht wie der Mensch Hände und Füße besitzen, sondern Hufe, sind ihre Extremitäten nicht so feinfühlig. Der zum Tasten geeignetste Körperteil beim Pferd ist das Maul. Dort besitzt es auch Tasthaare, mit denen es besonders feine Unterschiede feststellen kann.

Das Pferd hat am ganzen Körper Nervenzellen, mit denen es Temperatur, Druck und Ähnliches wahrnehmen kann; genau wie wir Menschen. Wie sensibel die Haut des Pferdes ist, lässt seine Reaktion auf eine Fliege oder auch eine Gerte oder Bürste erahnen. Berühren wir ein Pferd nur ganz leicht oder setzt sich eine Fliege auf seinen Rücken, reagiert es häufig mit einem Muskelzucken. Es kann also auch sehr leichte Berührungen wahrnehmen. Deshalb sollten wir versuchen, Signale (egal ob beim Reiten, Führen oder sonst im Umgang mit Pferden) so fein wie möglich und nur so stark wie nötig zu geben. Sonst stumpfen Pferde nämlich ab und reagieren keinesfalls besser, sondern im Gegenteil immer weniger.

Flucht ist die angeborene Reaktion auf Gefahr, die der Reiter natürlich zu unterbinden versucht.

Erstarren, „starr vor Schreck werden" oder Einfrieren (englisch: freeze), kommt häufig in Krimis vor. Im Alltag kennen wir es bei besonders unheimlichen, plötzlichen Schrecksituationen. Pferde zeigen dieses Verhalten oft beim Verladen. Dann stehen sie wie angewurzelt vor dem Hänger und bewegen sich weder vor noch zurück. Manche Reiter unterstellen ihrem Pferd in dieser Situation Dickköpfigkeit – häufig zu Unrecht. Zumindest wenn das Pferd zittert und jedes Futter verweigert, ist es

Die „Fünf F" der Furcht

Flucht oder Kampf (englisch: flight or fight) – so heißen die zwei Angstreaktionen, die allgemein bekannt sind. Meist werden sie als Gegensatzpaar dargestellt, man geht also davon aus, dass es Tiere gibt, die auf Gefahr mit Kampf, und andere, die auf Gefahr mit Flucht reagieren. Das stimmt nur insofern als jedes Lebewesen, jede Rasse, eine bevorzugte Tendenz besitzt. So rennen Pferde bei Gefahr erst einmal los, während zum Beispiel Hunde in der Regel gleich angreifen. Trotzdem besitzen Pferde genau wie wir Menschen und viele Tiere sowohl die Fähigkeit zu fliehen als auch zu kämpfen. Doch damit nicht genug. Es gibt auch noch drei andere Mechanismen, die bei Gefahr oder Angst zum Tragen kommen. Das

Tipp

Pferdesprache
Auch in Bezug auf die Pferdesprache sollten wir, genau wie bei den Sinnen, einige grundlegende Kenntnisse besitzen. Nur so können wir rechtzeitig erkennen, ob das Pferd Angst hat, ob es uns versteht, ob es aufgeregt ist, übermütig, gelangweilt oder überfordert, ob es sich stur stellt oder ob wir auf seine Mitarbeit bauen können. All diese Dinge lassen sich natürlich nur bedingt aus einem Buch lernen. Deshalb gebe ich Ihnen den Tipp, so oft wie möglich Pferde zu beobachten, auf ihre Emotionen zu achten und daraus zu lernen.

Wer bist denn Du?: Je abwechslungsreicher der Alltag des Pferdes ist, desto gelassener wird es sich im Gelände beim Ausritt verhalten.

nicht stur, sondern starr vor Angst. Hält dieser Zustand an, kommt als nächste Stufe das „Abschalten", das Umkippen oder gar die Bewusstlosigkeit (englisch: faint). Zwischen dem Einfrieren und der Ohnmacht ist bei Tieren der Totstellreflex angesiedelt. Dieses Phänomen wird bei Pferden selten so deutlich wie beim sprichwörtlichen „Kaninchen vor der Schlange". Ich habe jedoch eine Stute

erlebt, die beim Einreiten wirklich das ganze Repertoire der Fünf F gezeigt hat. Obwohl wir bei der ganzen Ausbildung und erst recht beim Aufsteigen immer sehr vorsichtig und langsam vorgegangen waren, blieb sie, sobald der Mensch im Sattel saß, wie angefroren stehen. Beim ersten Longieren mit Reiter konnten wir sie kaum bremsen. Nicht, dass sie wirklich durchging, sie lief einfach und lief und lief. Runde für Runde in einem gemütlichen Trab. Nachdem wir sie einige Runden gewähren ließen, versuchten wir sie zu stoppen, worauf sie zu kämpfen begann: Mehrmaliges Stampfen mit den Hufen, energisches Kopfschütteln, Drohgebärden und schließlich ein Scheinangriff auf den Longenführer, bevor sie zum nächsten Punkt überging. Plötzlich fing sie an zu schwanken und ich hatte das Gefühl, dass ihre Beine bald nachgeben und sie umkippen würde. So weit kam es zum Glück nicht. Sie wurde plötzlich extrem unkonzentriert und fast albern. Diese letzte Reaktion, das „Herumblödeln" (englisch: fooling around), finden wir bei Pferden – und Kindern – recht häufig. Wenn sie unter Stress stehen, Angst haben oder unsicher sind, zeigen sie ein geradezu paradoxes Verhalten. Sie fangen an mit irgendetwas herumzuspielen, mit den Füßen beziehungsweise Hufen zu scharren oder mit dem Maul zu spielen.

Letzteres ist besonders deshalb so interessant, weil vom Maul eine direkte

Verbindung zum Limbischen System besteht. Dieser Bereich des Hirns liegt wie ein Saum (Limbus) um den Balken (die Verbindung von rechter und linker Gehirnhälfte). Das Limbische System beeinflusst nicht nur zahlreiche vegetative Funktionen, sondern steuert auch emotionale Reaktionen wie Wut, Furcht oder Zuneigung und ist ganz wesentlich am Lernen und Erinnern beteiligt. Diesen Zusammenhang können wir in der Ausbildung und im Scheutraining nutzen – dazu später mehr.

Angsthase oder Draufgänger? – Einflüsse auf die Scheufestigkeit

Egal, ob wir ein Turnier verfolgen, einer Gruppe auf dem Ausritt zuschauen, Pferde auf der Weide beobachten oder durch einen Stall laufen, immer wieder fällt auf, wie unterschiedlich ängstlich beziehungsweise scheufest Pferde sind. Mehrere Faktoren spielen in dieser Hinsicht eine Rolle.

Das gefürchtete Scheuen im Gelände hat schon manchem Reiter den Spaß am Ausritt verdorben. Gefährlich ist es noch dazu!

Kehren hinter dem Pferd: Der Alltag bietet viele Möglichkeiten, das Pferd an Geräusche zu gewöhnen.

Wer es schon mit Gefahren wie quietschgrünen Bällen aufgenommen hat, wird sich doch im Gelände nicht vor einer Maus erschrecken ...

Am schwersten greifbar ist die individuelle Veranlagung eines Tieres, sein Charakter. Die Experten streiten sich, inwiefern dieser veränderlich ist. Meiner Erfahrung nach gibt es unter den Pferden ausgesprochene Angsthasen und gänzlich Unerschrockene. Trotzdem kann jedes Pferd bis zu einem

 Tipp

Fünf A der Angst
Mir gefallen die „Fünf F der Furcht" wegen der innewohnenden Alliteration so gut. Wer lieber bei der deutschen Sprache bleibt, kann sich auch die „Fünf A der Angst" merken: abhauen (flight), angreifen (fight), Angststarre (freeze), abtauchen (faint) und albern werden (fooling around).

gewissen Grad lernen, gelassener zu werden – oder ängstlicher.
Generell lässt sich sagen, dass hochblütige Pferde schneller reagieren und damit auch eher scheuen oder wegrennen als Ponys oder Kaltblüter, die nicht so leicht aus der Ruhe zu bringen sind. Dafür lassen sich zum Beispiel Araber meist auch in Stresssituationen relativ gut unter Kontrolle halten und schnell beruhigen, während ich im Alltag durchaus gemütlich scheinende Isländer kenne, bei denen, wenn sie sich fürs Fliehen entschieden haben, alles zu spät ist. Trotzdem hat jede Pferderasse in puncto Scheufestigkeit ihren Ruf, dem sie oft auffallend gerecht wird. Ich habe auf jeden Fall immer wieder das

Ein vertrauensvolles Verhältnis zwischen Mensch und Pferd ist der beste Weg, dem Pferd ein Gefühl der Sicherheit zu vermitteln.

Gefühl, dass ein Pferd vor allem deswegen besonders ängstlich reagiert, weil sein Besitzer schon genau weiß, dass es scheuen wird. Deshalb lasse ich in meinen Kursen die Ausrede „Das kann er nicht, weil er ein Vollblüter, ein Norweger, ein Schwarzwälder, ein Trakehner oder was auch immer ist!" nur ganz selten gelten.

Mehr Einfluss auf die Scheufestigkeit eines Pferdes als die Rasse haben meiner Erfahrung nach Haltung und Ausbildung. Ein Pferd in Offenstall- oder Weidehaltung, das sich zusammen mit anderen Pferden den ganzen Tag frei bewegen kann, muss sich nicht dann austoben, wenn der Reiter draufsitzt. Ein Pferd, das den ganzen Tag verschie

denen Reizen ausgesetzt ist, das von seinem Stall oder Auslauf aus Spaziergänger, bellende Hunde und spielende Kinder beobachten kann, auf dessen Nachbarweide sich Schafe, Kühe und Hühner tummeln und an dem ab und zu Traktoren und LKWs vorbeifahren, kennt all diese „Gefahren" und muss nicht jedes Mal panisch davonspringen. Ein Pferd, das in der Ausbildung gelernt hat mitzuarbeiten, das vielen verschiedenen Reizen ausgesetzt wurde und das abwechslungsreiche Aufgaben zu bewältigen hatte, wird auf Umweltreize ganz anders reagieren als ein „Fachidiot", der nur gelernt hat, in behüteter Umgebung folgsam seine Lektionen abzuspulen.

Die Pferdesprache

Auch in Bezug auf die Pferdesprache sollten wir, genau wie bei den Sinnen, einige grundlegende Kenntnisse besitzen. Nur so können wir rechtzeitig erkennen, ob das Pferd Angst hat, ob es uns versteht, ob es aufgeregt ist, übermütig, gelangweilt oder überfordert, ob es sich stur stellt oder ob wir auf seine Mitarbeit bauen können.

Beruhigungssignale

Ihre Entdeckung und Bekanntmachung ist vor allem Turid Rugaas zu verdanken, die ihre Beobachtungen an Wölfen und Hunden gemacht hat. Um einen Kampfgegner zu besänftigen, verwenden Wölfe, Hunde, und im Ansatz auch Pferde und Menschen, beschwichtigende Gesten, die artübergreifend ganz ähnlich sind.

▶ **Bewegungen mit Maul und Zunge** habe ich weiter oben im Zusammenhang mit dem Limbischen System schon erwähnt. Fast jeder Reiter kennt dieses Beruhigungssignal als „Mäulchen machen" bei Fohlen und Jungpferden. Doch auch ältere Pferde sind häufig dabei zu beobachten, wie sie die Maulgegend bewegen. Dieses „Herumspielen" ist natürlich nicht mit dem Abkauen und Lecken zu verwechseln, das Pferde zeigen, wenn sie entspannt sind. Deshalb ist es wichtig, dass wir immer das ganze Pferd im Auge behalten.

▶ **Sich klein machen:** Wer Angst hat und sich am liebsten unsichtbar machen würde, macht sich zumindest klein und versucht so weniger aufzufallen oder weniger bedrohlich zu erscheinen.

▶ **Herumblödeln:** Herumzualbern und abzulenken kann ein sehr wirksames Mittel sein, um die Aufmerksamkeit eines Aggressors zu zerstreuen. Pferde nehmen in so einer Situation gerne den Strick, die Gerte oder unsere Ärmel ins Maul oder fangen an zu scharren. Achtung: Beides könnte aber auch nur eine dumme Angewohnheit und Zeichen von Ungezogenheit sein.

▶ **Trödeln:** Haben Sie früher auf dem Heimweg von der Schule auch getrödelt, wenn Sie wussten, dass zu Hause etwas Unangenehmes auf Sie wartet? Ich stelle mir vor, dass es einem Pferd so ähnlich geht, wenn es nicht genau weiß, was von ihm verlangt wird, oder etwas Unangenehmes befürchtet.

▶ **Den Blick abwenden:** Ein Zeichen von Unsicherheit, das Sie vermutlich kennen,

Dieses Pferd ist die Entspannung selbst: tiefe Kopfhaltung, locker pendelnder Schweif und Abkauen mit dem Maul.

Checkliste Pferdesprache

Zeichen für Entspannung
- tiefe Kopfhaltung
- entspannt hängender (in der Bewegung locker pendelnder) Schweif
- Muskeln bewegen sich locker und unverkrampft
- ruhige, flüssige Bewegungen
- gähnen, kauen, lecken, abschnauben
- entspannt zur Seite geneigte oder locker die Umwelt verfolgende Ohren und Augen
- tiefe Bauchatmung

Zeichen für Aufmerksamkeit
- aufmerksamer Blick (Augen jedoch nicht aufgerissen)
- waches Ohrenspiel
- eher hoher Kopf, jedoch ohne Anspannung
- Das Pferd ist uns zugewendet und reagiert auf unsere Kommandos.

Zeichen für Aufregung
- hohe Kopfhaltung
- häufig weggedrückter Rücken
- angespannte Muskulatur
- hektisches Kauen oder „Mit-der-Zunge-Spielen"
- unruhiges Ohrenspiel
- weit offene Augen
- Schweifschlagen
- generelle Unruhe (Pferd bleibt nicht ruhig stehen etc.)

Angst
- weit aufgerissene Augen
- hektisches Ohrenspiel oder unsicher zurückgelegte Ohren
- eingeklemmter oder peitschender Schweif
- Pferd reagiert hektisch, gar nicht, übertrieben, bleibt kaum stehen etc.
- unkontrollierte Bewegungen

ist das Abwenden des Kopfes, des ganzen Körpers oder ein Senken des Blicks. Im Scheutraining können wir diese Beruhigungssignale als Zeichen dafür erkennen, dass das Pferd unsicher ist und wir es eventuell überfordern. Je nach Philosophie des Ausbilders können wir dann die Anforderungen senken oder das Pferd durch die Stimme unterstützen, um es durch diese Phase der Unsicherheit hindurchzupuschen.

Aufmerksame Pferde

Trainings

Genau wie in der Pferdeausbildung generell gibt es auch im Scheutraining viele Möglichkeiten. Ich plädiere dafür, mit dem Training vom Boden aus zu beginnen, und das aus mehreren Gründen. Erstens sind es häufig gerade unsichere, wenig versierte Reiter, die die Zuverlässigkeit ihres Pferdes verbessern möchten. In meinen Kursen habe ich immer wieder die Erfahrung gemacht, dass sie sich am Boden sicherer fühlen als im Sattel und souveräner mit ihrem Pferd umgehen.

Grundlagen am **Boden**

Ein weiterer Vorteil der Bodenarbeit ist, dass wir mit unserer Körpersprache vom Boden aus ganz anders einwirken können als vom Sattel aus. Auch das Problem mit dem Gleichgewicht entfällt. Drittens haben die meisten Pferde und Reiter am Boden weniger schlechte, angstbesetzte Situationen erlebt als im Sattel (das Verladen ausgenommen!). Viertens finde ich es sicherer, das Scheutraining vom Boden aus zu beginnen. Und wir schaffen eine neue Situation des Lernens. Letzteres kann besonders in verfahrenen Situationen, wenn sich ein Konflikt zwischen Mensch und Pferd immer gleich abspielt, sehr hilfreich sein. Vielleicht kommt Ihnen folgende Situation bekannt vor, sei es aus Ihrem momentanen „Pferdeleben", sei es aus „alten Reitschulzeiten". Erinnern Sie sich noch, wie eine bestimmte Aufgabe mit dem Pferd nie klappte? Sei es eine Lektion, ein Hindernis oder eine Stelle im Gelände, an der das liebe Tier (oder der blöde Bock) immer scheute – es war wie verhext. Sie wissen schon was kommt, das Pferd reagiert genauso wie

Macht mit schöner Ausrüstung mehr Spaß: Führtraining

Mit Pferden und Hunden, die ihrem Menschen vertrauen, ist fast alles möglich.

Traute Zweisamkeit: Eine gute Beziehung und eine artgerechte Haltung tragen ihren Teil zum Scheutraining bei ...

... die Basis legt man optimalerweise schon im Fohlenalter.

Sie es erwartet haben, Sie reagieren, wie es das Pferd erwartet hat und der Teufelskreis ist perfekt. Übergeben Sie das Pferd jedoch an einen Kollegen, ist alles ganz anders. Das Pferd spult seine Dressurlektion wie im Schlaf herunter, nimmt das Hindernis wie im Flug oder marschiert mutig wie ein Löwe durchs Gelände. Wie ungerecht, der Kollege oder der Reitlehrer muss gar nichts machen. Wirklich nicht?

Lassen Sie uns die Situation näher betrachten! Im Zusammensein mit unserem Pferd, egal ob es um die Pflege, das Reiten oder etwas anderes geht, haben wir immer mindestens drei Faktoren: den Reiter oder Menschen, das Pferd und die „äußeren Umstände". Dazu können Sie alles rechnen, was nicht direkt mit Ihnen oder Ihrem Pferd zu tun hat, also nicht nur die Umgebung, sondern auch das Wetter, die im Stall herrschende Atmosphäre, die Tageszeit, die Art der Tätigkeit, die Sie ausführen etc. Ob nun etwas besonders gut klappt – oder eben gar nicht klappt – hängt immer von allen Faktoren ab. Die lassen sich natürlich nicht isoliert betrachten, sondern beeinflussen sich gegenseitig. Dieses Zusammenspiel kann zudem nicht linear betrachtet werden, sondern muss systemisch berücksichtigt werden. So kann eine Dressurstunde zu gleicher Tageszeit bei ganz ähnlicher Witterung in der Halle ganz anders ablaufen als auf dem Außenreitplatz. Warum? Führt das Pferd die Lektionen schöner aus, weil der Reiter bessere Hilfen gibt, weil er ruhiger sitzt, weil das Pferd sich gleichmäßiger bewegt, weil der Boden in der Halle besser ist als draußen? Führt das Pferd die Lektionen

Diese beiden verstehen sich.

schöner aus, weil es gelöster geht, weil der Reiter gelassener agiert, weil das Pferd weniger scheut, weil es in der Halle ruhiger zugeht als draußen? Führt das Pferd die Lektionen schöner aus, weil der Reiter viel mehr von ihm fordern kann, weil es in der Halle weniger abgelenkt ist als draußen? Oder spielen ganz andere Faktoren, die uns vielleicht verborgen bleiben, eine entscheidende Rolle? Das mag natürlich von Fall zu Fall verschieden sein. Ich kann auf jeden Fall nicht immer bis ins Detail erklären, an was es im Einzelnen liegt, wenn ich an manchen Tagen mehr zu schweben als zu reiten scheine und an anderen alles höchst zäh läuft. Aber darauf kommt es auch gar nicht an. Und genau hier sind wir wieder beim Scheutraining: Um mit Ihrem Pferd sicherer zu werden, um Schrecksituationen erfolgreich und sicher zu meistern, können Sie an unterschiedlichen Punkten ansetzen. Das ist sozusagen die gute Nachricht; die andere ist die, dass Sie es nie bei diesem einen Punkt belassen können, sondern immer alle Faktoren berücksichtigen müssen. Bezogen auf obiges Beispiel mit dem Pferd, das bei Ihrem Kollegen oder Reitlehrer plötzlich lammfromm zu sein scheint, heißt das, dass der Reiter nicht der einzige Faktor ist, der sich verändern lässt, um eine bestimmte Reaktion zu bekommen. Wenn Sie mit Ihrem Pferd in allen Situationen zurechtkommen möchten, ist es deshalb wichtig, sich auch den dritten

Faktor, die äußeren Umstände, näher anzuschauen. Versuchen Sie also auch im Scheutraining, das Problem mal von einer ganz anderen Seite anzugehen. Sie werden Ihr Pferd verblüffen – und vielleicht wird Ihr Pferd Sie verblüffen, indem es ganz anders als gewohnt reagiert.

Wichtig Ⓦ

Viele Wege führen zum scheufesten Pferd

Für das Scheutraining bieten sich in erster Linie zwei Arten der Bodenarbeit an: die Arbeit im Round Pen und das Führtraining. Welche Methode letztendlich am geeignetsten scheint, hängt von den drei Faktoren ab: dem Menschen, dem Pferd und den äußeren Umständen. Erfolg haben wir nur dann, wenn die Methode uns zusagt beziehungsweise wir sie beherrschen oder lernen können, sie dem Charakter des Pferdes entspricht, es also sein Verhalten in die gewünschte Richtung verändert, und wenn wir von den äußeren Umständen her die Möglichkeit haben, diese Methode anzuwenden. Ich möchte in diesem Buch den Schwerpunkt auf das Führtraining legen, da ich damit in erster Linie arbeite und so auch die schönsten Erfolge erzielt habe.

Nur ein solider Round Pen mit griffigem Untergrund eignet sich als Klassenzimmer.

Bei gutem Wetter kann das Round Pen Training auch im Grünen stattfinden.

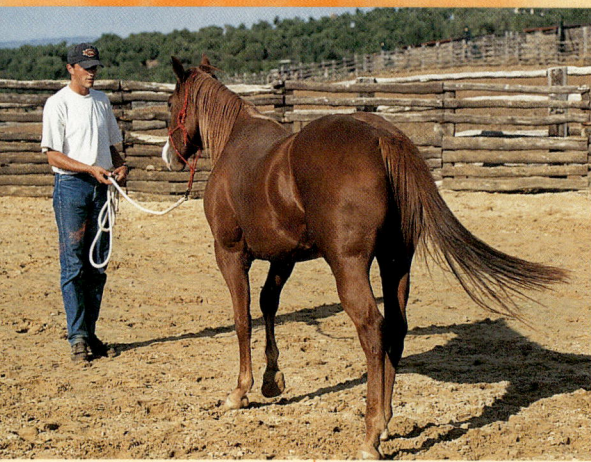

Arbeit im Round Pen

Die Round Pen Arbeit ist seit dem Boom der Pferdeflüsterer wieder in jedermanns Munde – oder besser gesagt in ganz vielen Reitanlagen zu finden und gilt für manchen als Inbegriff der Bodenarbeit schlechthin. Bei den Westernreitern, die für ihre zuverlässigen Pferde bekannt sind, ist diese Arbeit schon lange Usus. Doch auch immer mehr Reiter anderer Sparten entdecken die Vorteile dieses begrenzten Raums. Dabei ist es zweitrangig, ob dieser eingezäunte Platz eckig, rund oder oval ist. Im Kreis ist das Pferd immer genau gleich weit von uns entfernt, in einem Rechteck oder Quadrat kann es sich in den Ecken verkriechen, ein Oval oder Vieleck stellt ein Mittelding dar. Die Möglichkeiten, dort mit seinem Pferd zu arbeiten, sind vielfältig. Mehrere Trainer haben sich das zu Nutze gemacht und ihre eigene Methode entwickelt. Letzten Endes ähneln sich jedoch die verschiedenen Methoden, im Round Pen zu arbeiten, sehr. Sie beruhen im Prinzip immer darauf, dass ich ein Pferd in diesem beschränkten Raum relativ gut unter Kontrolle habe, dass ich es beliebig lange von mir wegtreiben kann, ohne dass es wirklich entkommt, und dass es irgendwann merken wird, dass es eine Belohnung bedeutet, wenn es bei mir sein darf und das Gewünschte ausführt, weil es dann eben nicht mehr rennen muss. Grundlage des Trainings ist es, dem Pferd das Gewünschte angenehm und das nicht Erwünschte unangenehm zu machen. Beim Scheutraining wird das Pferd also, etwas überspitzt ausgedrückt, gejagt solange es Angst zeigt, und darf dann ausruhen, wenn es sich mit dem furchterregenden Gegenstand oder Geräusch dergestalt auseinandersetzt, dass es ruhig stehen bleibt. Dieses Prinzip von Lob und Strafe kennen Pferde auch aus der Herde und verstehen meist schnell,

was der Mensch von ihnen will. Vorausgesetzt, dieser reagiert sehr präzise, was einiges an Reaktionsvermögen, Beobachtungsgabe und Erfahrung fordert. Bestrafe beziehungsweise jage ich ein Pferd einige Male zu spät oder im falschen Augenblick, wird es nicht nur nicht kapieren, was ich möchte, sondern ich kann unsere Beziehung, unser Vertrauensverhältnis ernsthaft gefährden und setze das Pferd unnötig unter Druck. Womit wir schon beim nächsten Thema wären: Stress.

Round Pen Arbeit kann für viele Pferde mit enormem Stress verbunden sein. Ähnlich wie in der freien Wildbahn muss das Pferd permanent auf der Hut sein und darauf achten, was der Mensch als Nächstes tut und will – mit dem Unterschied, dass dieser nicht wie ein anderes Pferd kurz droht, beißt oder schlägt, und die Sache damit erledigt ist. Wo es in der Natur reicht, einen Schritt zur Seite zu tun, um aus dem Einflussbereich des ranghöheren Pferdes zu kommen, wird es vom Menschen Runde um Runde getrieben. Natürlich gilt auch hier: Je präziser der Mensch arbeitet, desto geringer ist der Stress für das Pferd, weil es bald einen Rahmen bekommt, nach dem es sich richten kann. Hinzu kommt, dass das Round Pen Training ursprünglich für Pferde entwickelt wurde, die nahezu roh das erste Mal mit dem Menschen in Kontakt kamen und bisher mit anderen Pferden gelebt hatten. Der Mensch versuchte

Führen über Autoreifen ist für viele Pferde schon eine große Mutprobe.

also auch wie ein Pferd zu reagieren und seinem Vierbeiner so den Einstieg ins Arbeitsleben zu erleichtern. Wie sinnvoll ist jedoch dieses Vorgehen heutzutage, wo die meisten Jungpferde mehr Zeit mit Menschen als mit ihren Artgenossen verbringen? Sollte der Mensch nicht das Potential, das ihm als Mensch zur Verfügung steht, nutzen, anstatt zu versuchen, wie ein Pferd zu agieren?

Führtraining

Anders als beim Training im Round Pen ist uns das Pferd beim Führtraining sehr nah. Dadurch können wir feiner und präziser einwirken und die Arbeit ruhiger gestalten. Das macht sie in meinen Augen auch für Anfänger so wertvoll. Im Führtraining, so wie ich es kenne und lehre, geht es weniger um Druck

Fast so „gefährlich" wie eine Pfütze: Führen über eine Plastikplane.

und Schnelligkeit als um das Heranführen, um das Mitdenken und Verstehen. Natürlich gilt hier wie bei jeder Art des Umgangs mit dem Pferd: Je mehr jemand weiß, je geschickter er ist und je mehr Erfahrung er mit sich bringt, desto effektiver kann er sein. Nichtsdestotrotz eignet sich diese Methode mehr als andere auch für Anfänger und unsichere Reiter, weil das Arbeiten in kleinen Schritten, ein Höchstmaß an Sicherheit für Pferd und Reiter sowie deren beider Wohlbefinden im Vordergrund steht. Mir geht es in meinen Kursen darum, dass das Pferd lernt, dem Menschen zu vertrauen und sich mit Schrecksituationen auseinanderzusetzen. Ich will kein Pferd, das vor nichts Angst hat und alles über sich ergehen lässt, dabei aber total abgestumpft ist.

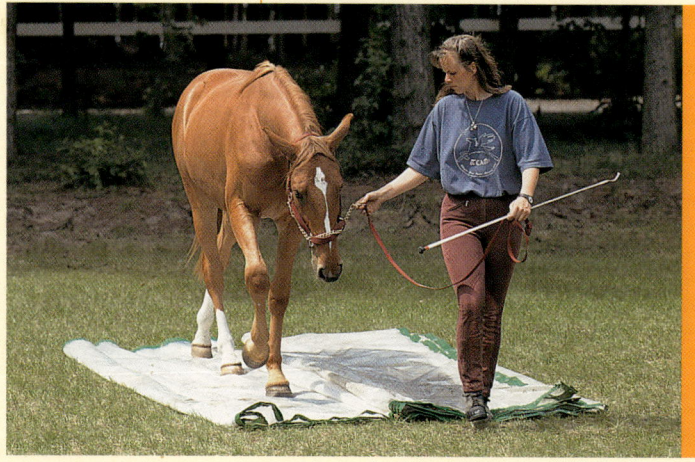

Wie *Lernen* funktioniert

Bevor wir uns für eine Methode entscheiden oder uns blind ins Scheutraining stürzen, ist es nützlich, sich ein paar Gedanken darüber zu machen, wie Pferde lernen. In ihrem Gehirn befinden sich – genau wie in unserem übrigens – Nervenzellen oder Neuronen. Diese sind dafür zuständig, Informationen von den Sinneszellen an das Zentralnervensystem zu leiten, diese Meldungen zusammenzutragen, zu verarbeiten und dann wieder eine Botschaft zu den Muskeln und Drüsen zu senden. Jede dieser Nervenzellen besitzt so genannte Dendriten, die dem Zellkörper Informationen aus der Umgebung liefern, und ein Axon, das aus ihm herausführt und die Botschaften an eine andere Zelle weiterleitet. Alles zusammen macht erst mal einen sehr chaotischen, ungeordneten Eindruck. Erst durch das, was ein Pferd tut und lernt, bilden sich Nervenzellen neu, werden aktiviert, stellen Kontakt untereinander her oder stärken schon bestehende Verbindungen. Je öfter ein bestimmter Gedanke gedacht oder eine bestimmte Bewegung ausgeführt wird, desto mehr Myelin (eine weiße Segmentschicht) wird um die Verbindung zwischen den Nervenzellen gelegt und desto stabiler und schneller wird sie. Das kennen wir alle aus dem Alltag. Dinge, die wir oft, und häufig unbewusst, tun, gehen uns leicht von der Hand, laufen schnell ab.

Es läuft sozusagen automatisch. Lernen wir hingegen etwas Neues, müssen wir das zuerst langsam tun. Unser Gehirn braucht eine Weile, um diesen Pfad auszubauen. Für Pferde gilt das Gleiche, weshalb wir ihnen das Lernen von Neuem leichter machen, wenn wir dabei langsam vorgehen. So werden automatisch neue Hirnareale aktiviert.
Noch etwas ist in diesem Zusammenhang interessant: Unter Stress greifen wir am liebsten auf das zurück, was uns bekannt ist, auf Automatismen, die schnell und sicher ablaufen. Ahnen Sie, was das fürs Scheutraining bedeutet? Unter Stress lernen Menschen und Pferde ausgesprochen schlecht. Sie reagieren möglichst schnell und so, wie sie es schon immer getan haben. Versuchen Sie deshalb eine Umgebung zu schaffen, in der Lernen leicht ist!

In stressfreier Umgebung können selbst Regenschirme allmählich ihren Schrecken verlieren.

Lernen soll Spaß machen: Sorgen Sie für gute Stimmung beim Üben!

Über den Sinn und Unsinn von Lob und Strafe

Die Diskussion über das Belohnen und Bestrafen ist so alt wie die Diskussion über das Ausbilden von Pferden oder die Kindererziehung. Wenn wir hier die Definition der Verhaltensforscher zu Hilfe nehmen, gibt es, um genau zu sein, je zwei Arten von Belohnung und Bestrafung. Um die emotionale Besetzung des Wortes Belohnung herauszuhalten, werde ich im Folgenden von Verstärkung sprechen, wobei darunter all das zu verstehen ist, was dazu führt, dass ein Pferd (oder ein Kind oder Hund) ein Verhalten öfter zeigt. Respektive verwenden wir Bestrafung, damit ein Verhalten seltener gezeigt wird. Um einem Tier also etwas beizubringen, müssten wir nur alles, was es tun soll, belohnen und das, was es nicht tun soll,

bestrafen. Doch zurück zu den zwei Arten von Verstärkung und Bestrafung. Verhaltensforscher unterscheiden zwischen positiver Verstärkung, das heißt dem Erscheinen von etwas Angenehmem, und negativer Verstärkung, das heißt dem Verschwinden von etwas Unangenehmem. Respektive gibt es die positive Bestrafung, also das Erscheinen von etwas Unangenehmem, und die negative Bestrafung, sprich das Verschwinden von etwas Angenehmem. Die Vor- und Nachteile der verschiedenen Vorgehensweisen liegen auf der Hand. So lernt ein Pferd bei der positiven Verstärkung durch Erfolg und nicht durch Fehler. Es arbeitet willig, ohne Angst mit und ist eher bereit, neue Dinge auszuprobieren. Als Nachteil ist anzuführen, dass vom Trainer ein Gefühl fürs korrekte Timing verlangt wird, damit er das Pferd im richtigen Augenblick belohnt. Andererseits ist es auch keine Katastrophe, wenn der Ausbilder mal einen Fehler macht. Es dauert vielleicht länger, bis das Pferd das gewünschte Verhalten gelernt hat, seine Mitarbeit wird jedoch nicht beeinträchtigt – im Gegensatz zu den anderen Formen der Belohnung und Bestrafung. Bleibt hier die Reaktion des Trainers aus, versteht das Pferd im besten Fall nicht, was von ihm verlangt wird (negative Verstärkung). Bei der positiven Bestrafung reagiert es zudem schnell ängstlich, und die Beziehung zwischen Tier und Mensch kann darunter leiden.

Die Sache mit den schlechten Angewohnheiten

Damit ein Verhalten wirklich verinnerlicht wird, muss es immer wieder bestärkt werden. Wichtig ist jedoch, dass die Belohnung nicht kontinuierlich kommt, sondern mit der Zeit, wenn das Pferd begriffen hat, was wir von ihm wollen, nur noch sporadisch und seltener erfolgt. So wird das Verhalten geprägt und ist mit der Zeit immer schwieriger auszulöschen. Im Training können wir das nutzen, indem wir das Pferd für ein Verhalten, das es zuverlässig zeigt, immer seltener und nur noch unregelmäßig belohnen und es so festigen. Häufig trainiert ein Pferd jedoch den Menschen und kehrt das Prinzip genau ins Gegenteil um. Wir beschließen, konsequent zu sein und auf das Betteln unseres Pferdes nie wieder zu reagieren. Leider werden wir oder irgendjemand im Stall jedoch ab und zu schwach. Und genau diese Unregelmäßigkeit ist es, die das Verhalten so beständig macht. Das Pferd weiß genau, dass es sehr ausdauernd sein muss, um etwas zu bekommen. Und wenn es nur lange genug wartet, beziehungsweise uns nervt, funktioniert es schließlich immer wieder! Wenn Sie Ihrem Pferd also ein Verhalten abgewöhnen wollen, müssen sämtliche Personen, die mit dem Pferd zu tun haben, sein Betteln mit aller Konsequenz ignorieren.
Um Ihnen diese Prägung durch Unregelmäßigkeit näher zu bringen, hier ein Beispiel aus dem „Menschenalltag": Wenn Sie ein neues Auto haben, das eines Tages nicht anspringt, werden Sie zunächst vielleicht ein paar Mal versuchen es zu starten, dann jedoch schnell

OBEN: *Jackpot – Außergewöhnliche Leistungen erfordern Belohnungen.*
UNTEN: *Fressen unter dem Reiter ist eine häufig anzutreffende Unart bei Pferden.*

C   Check

Beispiele für...

Positive Verstärkung:
Wenn das Pferd auf der Weide zu uns kommt, geben wir ihm ein Leckerli (Hinzufügen von etwas Angenehmem). Oder wir sagen „brav" und klopfen ihm den Hals, wenn das Pferd richtig angaloppiert. Das Pferd reagiert immer häufiger richtig – das Verhalten wird verstärkt.

Negative Verstärkung:
Wir wollen, dass das Pferd anhält und ziehen so lange am Zügel (etwas Unangenehmes), bis es stoppt. In diesem Moment geben wir am Zügel nach (Verschwinden von etwas Unangenehmem). Auch hier wird das Verhalten (Anhalten) verstärkt.

Positive Bestrafung:
Jedes Mal, wenn unser Pferd beim Ausreiten versucht zu fressen, tippen wir ihm mit der Gerte auf die Nase (Erscheinen von etwas Unangenehmem).

Negative Bestrafung:
Wenn das Pferd uns droht, während wir ihm beim Fressen zuschauen, nehmen wir ihm das Futter weg (Verschwinden von etwas Angenehmem).

einen Mechaniker rufen. 15 Jahre später haben Sie und Ihr Auto einiges durchgemacht, es springt immer seltener beim ersten Versuch an, Sie kennen 20 Tricks, es doch noch zum Fahren zu überreden. Glauben Sie mir, dass Sie nun mit mehr Ausdauer als am Anfang versuchen, die Karre zum Laufen zu bringen?!?

Training mit unterschiedlichen Reizen

Bei der Gewöhnung an verschiedene Reize geht es darum, das Pferd mit möglichst vielen Gegenständen, Geräuschen und optischen Reizen, vor denen es Angst haben könnte, vertraut zu machen. Natürlich können wir im Training nicht all die Situationen üben, denen wir im Alltag vielleicht irgendwann einmal begegnen werden. Deshalb versuche ich im Scheutraining, Mensch und Pferd Kompetenzen zu vermitteln, mit denen sie in „freier Wildbahn" jede Situation meistern können. Das funktioniert meiner Erfahrung nach am besten, wenn ich das Pferd nicht so lange abhärte, bis ihm alles egal ist, sondern es zu einem mitdenkenden Partner erziehe, der dem Menschen vertraut. Zusammen mit einem abwechslungsreichen Alltag, der immer wieder Flexibilität und Gelassenheit erfordert, ist das der beste Garant für ein zuverlässiges Pferd.

Wo soll man üben?

Es gibt ein paar Voraussetzungen, die gegeben sein müssen, um effektives Scheutraining durchführen zu können, und andere, die es zusätzlich vereinfachen. Zu den Notwendigkeiten gehört das Umfeld, in dem geübt wird. Nach Möglichkeit sollte für das Scheu-

training ein umzäunter Platz zur Verfügung stehen. Bei trockenem Wetter ist für das Führtraining auch eine Wiese ausreichend, die Sie selber abgesteckt haben. Sollten Sie zu überhaupt keinem eingezäunten Platz Zugang haben, müssen Sie entsprechend vorsichtig sein. Einige Übungen können Sie sogar dann machen. Lieber unter schwierigen Bedingungen üben, als es zum Unfall kommen lassen, weil gar nicht trainiert wurde. Allerdings würde ich so ein Training immer nur als Notlösung betrachten. Noch weniger Kompromisse würde ich beim Üben im Round Pen eingehen. Hierfür brauchen Sie auf jeden Fall einen fest eingezäunten Platz mit griffigem Untergrund. Der Durchmesser sollte 15 Meter auf keinen Fall unterschreiten (bei großen Pferden lieber mehr); viel größer macht auch keinen Sinn, weil Ihr Pferd sonst vermutlich seinen konditionellen Vorteil zu nutzen weiß.

Warnung: Im Round Pen kann man schnell viel Druck aufbauen. Deshalb ist es wirklich wichtig, dass die Umzäunung sicher und der Boden trittfest ist. Bei einem braven Pferd, wenn das Scheutraining nur noch Kosmetik ist, können Sie zur Not auch unter suboptimalen Bedingungen arbeiten. Wenn es drauf ankommt, muss jedoch die Sicherheit von Pferd und Mensch immer vorgehen! Wechseln Sie dann lieber auf das Führtraining oder in einen geeigneten Round Pen.

Führen und geführt werden

Bevor Sie mit dem Führtraining beginnen, muss sich Ihr Pferd führen bzw. im Round Pen treiben lassen. Wie korrektes Führen aussehen soll, dazu gibt es verschiedene Meinungen.

Korrektes Halten: Der Mensch steht seitlich versetzt vor dem Pferd, hebt die Gerte leicht an und gibt das entsprechende Stimmkommando.

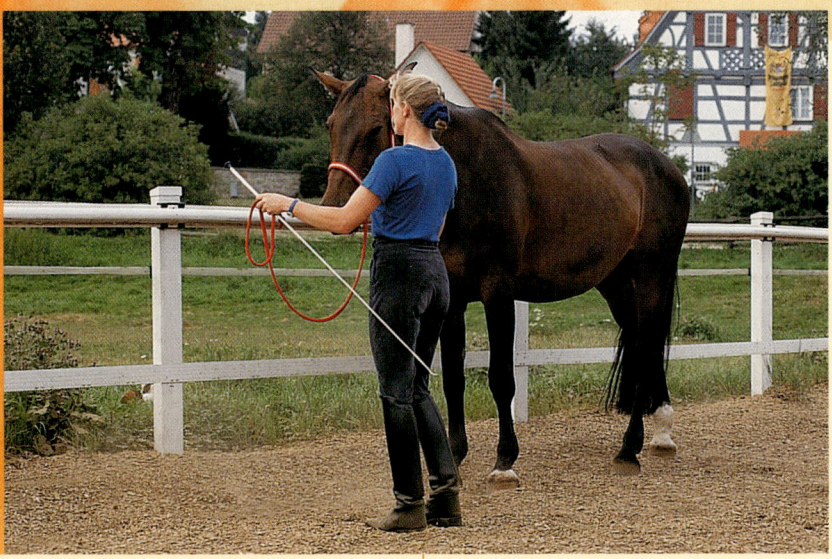

Im Merkblatt zur Gelassenheitsprüfung wird zum Beispiel empfohlen, auf Schulterhöhe des Pferdes zu gehen. Ich teile diese Ansicht nicht. Meiner Erfahrung nach ist die sicherste und effektivste Position auf Höhe des Pferdekopfes oder sogar ein bisschen weiter vorne und immer leicht seitlich versetzt (also nicht direkt vor dem Pferd). So können Sie das Pferd viel einfacher wenden, als wenn Sie auf Schulterhöhe gehen und es auch dann noch stoppen, wenn es einen Satz nach vorne macht. Probieren Sie den Unterschied ruhig mal mit einem Menschen aus, der mit gefalteten Händen und nach vorne ausgestreckten Armen Pferd spielt. Knoten Sie einen Strick locker um seine Handgelenke und führen ihn so. Versuchen Sie, Ihr „Pferd" zu wenden, wenn Sie leicht seitlich vor dem vorgestellten

Kopf (also den Menschenhänden) gehen, und vergleichsweise, wenn Sie hinter Ihrem Partner (also auf Schulterhöhe des imaginären Pferdes) gehen. Bitten Sie dann Ihr „Pferd", plötzlich einen Satz nach vorne zu machen. Wenn Sie weit genug vorne liefen, können Sie es vermutlich problemlos stoppen. Führen Sie hingegen auf Schulterhöhe, können Sie Ihr Menschenpferd vielleicht noch rumziehen, bei 500 kg Lebendgewicht haben Sie dann aber keine Chance mehr. Noch deutlicher wird der Unterschied zwischen den beiden Positionen, wenn Sie zum Führen eine Gerte verwenden. Sie können das dicke Ende verwenden, um dem Pferd den Weg zu weisen. Manche Pferde reagieren hervorragend auf diesen „Wegweiser" und lassen durch unterschiedlich hohe Gertenführung sogar ihre Kopf- und Hals-

So bitte nicht: Auch bei geführten Sprüngen sollten Pferd und Reiter im Gleichgewicht bleiben.

haltung beeinflussen. Außerdem kann für Sie der Einsatz der Gerte in dieser Form eine Hilfe sein, weit genug vorne zu bleiben, die Wendungen sauber zu führen und sich wirklich auf den Weg zu konzentrieren. Auch beim Bremsen kann ich die Gerte verwenden. Durch ein leichtes Anheben und Senken gebe ich dem Pferd ein optisches Signal, um es zu verlangsamen oder zu stoppen. Durch ein Klopfen mit der Gerte auf die Brust des Pferdes gebe ich ein spürbares Signal zum Anhalten, das dem Pferd zudem hilft, sein Gewicht nach hinten zu verlagern und sich auszubalancieren. Wenn Sie bisher anders geführt haben als ich es vorschlage, rate ich Ihnen, die neue Variante zumindest auszuprobieren. Wenn es sich bewährt, ändern Sie Ihren Stil. Wenn nicht, bleiben Sie beim Alten.

Bevor Sie mit dem Scheutraining im Round Pen beginnen, sollten Sie und Ihr Pferd ebenfalls einige Grundlagen beherrschen. Machen Sie Ihr Pferd zuerst mit diesem Platz vertraut, bringen Sie ihm bei, zu Ihnen zu kommen, sich wegtreiben zu lassen, in den verschiedenen Gangarten an der Umzäunung entlangzulaufen und zu stoppen. Erst wenn das klappt, sollten Sie mit dem eigentlichen Scheutraining beginnen.

Tipp

Die Kunst der kleinen Schritte
Machen Sie es Ihrem Pferd immer so leicht wie möglich und so schwer wie nötig. Zerlegen Sie schwierige Aufgaben in kleine Teile, beginnen Sie mit dem Einfachen und verlangen Sie nur das von Ihrem Pferd, was es auch leisten kann.

Basis*übungen*

Scheutraining kann immer und überall stattfinden. Setzen Sie Ihr Pferd verschiedenen Reizen aus, wagen Sie sich in unbekanntes Gelände vor, probieren Sie Neues aus, verbessern Sie die Beziehung zu Ihrem Pferd, und schon praktizieren Sie Scheutraining im Alltag. Im Folgenden möchte ich Ihnen einige Übungen zeigen, die man als Grundlagen des Scheutrainings bezeichnen kann. Wenn Ihr Pferd und Sie diese Basics mit Bravour meistern, kann Ihnen so schnell keiner mehr einen Schreck einjagen.

In diesem Kapitel finden Sie typische Alltagssituationen, die Pferd und Reiter Angst machen. Ich empfehle Ihnen, wie gesagt, die verschiedenen Aufgaben erst vom Boden aus und dann geritten zu absolvieren. Wenn Schwierigkeiten auftauchen, gehen Sie (im Tun und in Gedanken) einen Schritt zurück, lesen Sie die Ratschläge zu den Trainingsgrundlagen noch einmal durch und reden Sie mit anderen Reitern. Behalten Sie Ihr Ziel im Auge und überlegen Sie sich, wie Sie die Aufgabe gestalten müssen, damit Sie und Ihr Pferd Erfolg haben.

Stangen, Pilonen, etc.

Als Grundlage der Bodenarbeit eignen sich ganz einfache Materialien wie Stangen, Pilonen (Hütchen), Eimer, leere Tonnen, Strohballen etc. Daraus können Sie „ungefährliche" Hindernisse bauen, um alle Handgriffe

Pilonen: günstiges und praktisches Element beim Scheutraining

Der „Allrounder" unter den Bodenarbeits-hindernissen: das Labyrinth

Übung für Fortgeschrittene: Pferd und Reiter unter einer Plastikplane

zu üben und sich und Ihr Pferd auf zukünftige Aufgaben einzustimmen.
Als besonders vielfältiges Element der Bodenarbeit möchte ich Ihnen das Labyrinth vorstellen. Sie benötigen sechs Stangen, die Sie wie auf dem Bild ersichtlich anordnen. Ist Ihr Pferd besonders groß, hat Mühe sich zu biegen oder läuft sehr eilig, können Sie das Labyrinth anfangs auch weiter legen.
Sie können das Labyrinth mit Ihrem Pferd vor- und rückwärts durchlaufen. Am Anfang fällt es den meisten Pferden am leichtesten, das Labyrinth ohne anzuhalten zu bewältigen. Später können Sie das Tempo variieren, einzelne Schritte verlangen und Ihr Pferd an verschiedenen Stellen stoppen (zuerst auf den Geraden, später in den Kurven). Ins Labyrinth können Sie immer wieder zurückkommen, wenn Ihr Pferd sich aufgeregt hat, Sie seine Aufmerksamkeit

zurückgewinnen möchten oder einfach zur Auflockerung. Außerdem lässt es sich wunderbar mit anderen Materialien des Scheutrainings kombinieren. Übrigens ist das Labyrinth auch geritten eine wunderschöne Übung, um die Geschmeidigkeit Ihres Pferdes zu verbessern.

Plastik *und* Tücher

Plastik in allen Formen und Farben ist ein praktisches und vielfältiges Material beim Scheutraining. Sie können Ihr Pferd darüber, darunter durch und daran vorbei führen, es darin einwickeln, damit rascheln und es sich vom Sattel aus zuwerfen. Als „abgemilderte" Version können Sie bei sehr ängstlichen Pferden auch Stoffplanen beziehungsweise Tücher verwenden.

Der Kappzaum wäre gar nicht nötig: Scheutraining mit Luftballons kann man auch am Halfter machen.

Luftballons, Regenschirme, Windräder, Bälle

Alles, was sich bewegt, was im Alltag irgendwo auftauchen kann oder was zu Hause entbehrlich ist, eignet sich fürs Scheutraining. Luftballons und Windräder lassen sich im Auslauf oder am Reitplatz befestigen. Lassen Sie Ihr Pferd damit jedoch nicht unbeaufsichtigt. Ist die erste Scheu überwunden, finden die Tiere vielleicht Gefallen daran und zerknabbern die Verzierung. Den Regenschirm sollten Sie Ihrem Pferd zuerst nur zeigen. Später können Sie ihn mitnehmen, wenn Sie es von der Koppel holen oder reiten. Ganz mutige Pferde laufen sogar über einen Teppich aus Luftballons oder spielen mit Bällen, die ihnen vor die Füße rollen.

Müllsäcke, Holzstapel, Verkehrsschilder

Unterwegs gibt es viele Dinge, vor denen man wunderbar scheuen kann. Viele davon lassen sich mit wenig Aufwand auf den Reitplatz holen. Bauen Sie doch mal einen Parcours aus Mülltonnen, Kehrichtsäcken und anderen furchterregenden Alltagsgegenständen. Oder nutzen Sie Holzstapel, Verkehrsschilder und Mülleimer unterwegs für ein Scheutraining. Vor einigen Jahren habe ich ein sehr unsicheres Pferd angeritten, das sich buchstäblich vor allem fürchtete. Da die Besitzerin, eine ältere Dame, in erster Linie ausreiten wollte, habe ich viel Zeit auf das Scheutraining im Gelände verwandt. Nach einigen Ausritten, auf denen wir jedem Kinderspielplatz in der Umgebung einen Besuch abgestattet hatten, in Sandkästen gebuddelt und Verkehrsschilder abgeklopft hatten, musste ich das liebe Tier direkt bremsen, damit es nicht zielstrebig jeden Papierkorb ansteuerte, um seinen Kopf hineinzustecken.

Kinder und Spielzeug

Bestimmt gibt es auch in der Nähe Ihres Reitstalls ein paar pferdeverrückte Kinder, die Ihnen nur zu gerne beim Training „helfen". Laden Sie doch mal die

Das etwas andere Scheutraining:
Familienausflug mit Pferd

Bretter, Pfützen, Schatten, Wasser

Änderungen des Untergrundes stellen für die meisten Pferde eine ganz besondere Herausforderung dar. Wenn plötzlich Blätter auf dem Weg liegen, eine Pfütze in der Sonne glänzt, ein Haus seinen Schatten auf die Straße wirft oder der Untergrund anders klingt als gewohnt, bleiben sie abrupt stehen oder rennen los. Wenig Probleme mit solchen Dingen haben meist die Pferde und Reiter, die keinen gut drainierten

Rasselbande mit ihren Dreirädern, Kinderwägen, Rollschuhen, Bällen etc. ein. Während die Kinder neben dem Reitplatz spielen, können Sie mit Ihren Pferden arbeiten und haben das perfekte Scheutraining. Vielleicht kommen auch ein paar Familien aus der Nachbarschaft auf einen Besuch im Reitstall vorbei, um die großen Tiere zu bewundern und etwas über sie zu lernen. Aber: Sicherheit geht vor! Natürlich sind Sie bei dieser Einladung für die Kinder verantwortlich. Vielleicht können Sie sich jedoch mit einigen Kolleginnen zusammen tun, so dass eine auf die Kinder aufpasst, während der Rest mit den Pferden arbeitet. Ganz besonders aufpassen müssen Sie, wenn Sie die Kinder mit auf den Platz oder zu den Pferden holen. Dann ist die Sicherheit aller Beteiligten oberstes Gebot!

Rechts: Nicht jedem steht so eine schöne Wasserstelle zur Verfügung, aber ein Bach oder eine Pfütze lassen sich immer finden.

Der „Gefahr" ihren Schrecken nehmen: Nach der Methode von Linda Tellington-Jones (hier rechts im Bild), traut sich jedes Pferd über die im V ausgelegte Plastikplane.

Reitplatz zur Verfügung haben. Wer das halbe Jahr über auf einem Platz reitet, bei dem sich nasse und trockene Stellen, tiefer und federnder Boden abwechseln, ist irgendwann ein Stück weit abgehärtet. Alle anderen müssen ein bisschen kreativer sein. Führen Sie Ihr Pferd nach einem Regen über nasse Stellen, verwenden Sie blaue Plastikplanen, um Pfützen nachzubilden, und laufen beziehungsweise reiten Sie über Holzbretter, um Ihr Pferd mit dem hohlen Klang der Hufe beim Verladen, auf einer Brücke oder in einer Unterführung vertraut zu machen.

Versucht jemand, sein Pferd dazu zu bewegen, über ein Brett oder eine Plastikplane zu laufen, sieht man oft folgendes Bild: Der Mensch steht auf dem Plastik und versucht, ein Pferd hinter sich herzulocken, dessen Vorderhufe sich knapp am vorderen Rand der Plane bewegen, während Rumpf und Hinterbeine abwechselnd nach rechts und links ausweichen. Je nach Temperament zieht das Pferd immer wieder nach hinten oder schießt plötzlich nach vorne über die Plane. Dabei gibt es ein ganz simples Mittel, um solchen Hindernissen ihren Schrecken zu nehmen. Egal ob Brett, Plane oder Stoffbahn, Sie brauchen einfach zwei Teile, die Sie V-förmig auslegen. Bei sehr unsicheren Pferden bilden Sie aus den zwei Planen beziehungsweise Brettern eine Gasse. Ist das Pferd sicherer, dürfen sich die zwei Enden auf einer Seite berühren.

Nachdem Sie Ihr Pferd einige Male von der breiten Seite her durch die Gasse geführt haben und es ruhig in dem V stehen bleibt, können Sie die zwei Hälften immer enger zusammenrücken, bis Ihr Pferd schließlich vorwärts wie rückwärts über das Hindernis läuft, auf dem Plastik stehen bleibt und sich gar in allen Gangarten darüberreiten lässt.

Tipp

Laufen Sie weit genug vorne und leicht seitlich, so dass Ihr Pferd Sie nicht überrennen kann, wenn es sich trotz Ihres langsamen Vorgehens entschließt, Ihnen mit einem großen Satz zu folgen.

Viele Pferde lassen sich besser an ein Hindernis heranführen, wenn sie von zwei Personen geführt werden. Hier im Bild führen Linda Tellington-Jones und eine Helferin das Pferd.

Geräusche

Von Motorengeräuschen oder dem lauten Klingeln eines Fahrrads über mit Kieselsteinen gefüllte Blechdosen bis hin zur raschelnden Plastikplane oder dem Rockkonzert aus dem Radio gibt es kaum etwas, was Sie nicht als Geräuschkulisse für Ihr Scheutraining verwenden können.

Gewöhnen Sie Ihr Pferd zuerst vorsichtig an verschiedene Geräusche und machen Sie dann immer wieder und unerwartet ein bisschen Lärm. Eine wunderbare Übung ist in diesem Zusammenhang der Klappersack, eine stabile Plastiktüte oder besser ein Stoffsack, der mit Dosen gefüllt wird. Nachdem Ihr Pferd ihn aus sicherer Entfernung begutachtet hat, können Sie vorsichtig damit klappern. Je nach Reaktion des Pferdes bitten Sie zuerst einen Helfer mit dem Rappelsack in einigem Abstand vor, dann neben und schließlich hinter Ihnen herzulaufen. Klappt das, können Sie den Sack selber ziehen; erst vom Boden und dann auch vom Sattel aus.

Tipp

Führen zu zweit
Viele Pferde lassen sich besser gerade an ein Hindernis heranführen, wenn sie von zwei Personen geführt werden. Außerdem kann ihnen das zusätzlich Sicherheit geben und spricht ihr Gehirn auf ungewohnte Art und Weise an. Wichtig ist dabei jedoch, dass beide Personen weit genug weg (mindestens einen Meter) und vorne laufen. Sie müssen sich vor der Nase des Pferdes die ganze Zeit über bequem sehen können. Und denken Sie daran, sich rechtzeitig zu einigen, wo Sie laufen und wie Sie anhalten möchten ...

Sie können auch ab und zu das Radio im Stall oder an der Reitbahn laufen lassen, um Ihr Pferd an verschiedene Geräusche zu gewöhnen. Denken Sie jedoch an die Nerven der Mitreiter und Tiere und vermeiden Sie eine Dauerberieselung.

Engpass

Egal ob beim Verladen, beim Betreten des Stalles oder dem Führen durch ein Tor: Pferde, die sich nicht durch enge Stellen trauen, sind lästig, solche die drängeln und durchstürmen sogar ausgesprochen gefährlich. Führen Sie Ihr Pferd deshalb immer wieder durch unterschiedliche Engpässe. Aus Tonnen, aus Flatterband, aus Hindernisständern mit Stangen und Plastik oder aus Stoffbahnen lassen sich wunderbar Gassen bauen. Wählen Sie die Abstände der beiden Seiten anfangs so groß, dass Ihr Pferd gelassen hindurchgeht und dazwischen anhalten kann, bevor Sie die Distanz allmählich verringern. Natürlich können Sie auch mit einem zuverlässigen Führpferd oder mit Futter arbeiten, um Ihrem Pferd den Engpass schmackhaft zu machen.

Wichtig W

Denken Sie immer an Ihre eigene Sicherheit und die Ihrer Helfer. Laufen Sie so weit vor dem Pferd und leicht seitlich versetzt, dass Ihnen auch dann nichts passiert, wenn das Pferd plötzlich losstürmt. Im Zweifelsfall gehen Sie lieber außerhalb des Engpasses.

Dieses Pferd interessiert sich sehr für die raschelnde Plane.

Werden Sie kreativ: Das „Unten durch"
lässt sich vielfältig variieren.

Unten durch

Eine ganz besondere Herausforderung stellen für die meisten Pferde Durchgänge dar, bei denen sie darum fürchten, ihren Kopf anzuschlagen. Niedrige Ställe, tief hängende Äste und natürlich Hänger fallen zum Beispiel in diese Kategorie. Um das zu üben, empfehle ich Ihnen folgendes Vorgehen. Bringen Sie Ihrem Pferd als erstes bei, den Kopf zu senken und mit tiefem Kopf zu gehen. Das Senken des Kopfes ist nicht nur fürs „Unten durch" sondern generell beim Scheutraining eine wertvolle Hilfe. Anschließend oder parallel dazu können Sie Ihr Pferd zwischen zwei Helfern, die auf Strohballen stehen, durchführen. Wenn Sie nicht sicher sind, wie Ihr Pferd reagiert, sollten Sie eventuell zuerst Tonnen nehmen oder die beiden Strohballen so weit auseinander stellen, dass Sie Ihre Helfer sicher nicht in Gefahr bringen. Läuft Ihr Pferd ruhig zwischen den beiden Menschen durch und lässt sich auch zwischen ihnen anhalten, können Sie den Helfern Gerten in die Hand geben, mit denen Sie ein Dach bilden. Registriert Ihr Pferd auch das mit Gelassenheit, tauschen Sie die Gerten gegen ein Stück Stoff, eine Plastikplane oder ein Flatterband.

Wichtig ist, dass Sie Ihr Pferd jederzeit anhalten können (optimalerweise auch unter dem Durchgang) und so langsam vorgehen, dass es gelassen bleiben kann. Eventuell können Sie Ihrem Pferd

Tipp

Wie beim Führen über eine Plastikplane können Sie auch hier hervorragend zu zweit führen. Denken Sie
daran, dass beide Führer vor dem
Pferd unter dem Hindernis durchgehen und so weit seitlich laufen,
dass sie nicht überrannt werden,
wenn das Pferd plötzlich einen Satz
macht.

diese Übung auch versüßen, indem die
Helfer dem Pferd etwas Futter reichen.
Es darf das Futter jedoch nicht im Vor-
beigehen erschnappen, sondern sollte
dafür immer ruhig stehen bleiben.

Kopfsenken

Eine hohe Kopfhaltung bei Pferden deu-
tet oft auf einen ausgeprägten Fluchtreflex hin. Die TT.E.A.M.-Arbeit von Linda Tellington-Jones lehrt deswegen,
den Kopf des Pferdes immer wieder zu
senken. Dies reduziert die Anspannung,
den Widerstand und den Fluchtreflex
und beruhigt nervöse Pferde. Eine tiefe
Kopfhaltung bedeutet für das Pferd
fressen, entspannen, schlafen. Das Tie-
fer-Einstellen des Kopfes kann man in
der Box oder im Freien machen. In der
TT.E.A.M.-Arbeit verwenden wir dafür
ein stabiles Halfter, Führkette und Gerte. Sie können die Übungen aber mit jedem Halfter, irgendeinem Strick und zur
Not auch ohne Gerte machen.

In leicht seitlicher Position neben dem
Pferd kauernd (bei sehr nervösen Pferden aus Sicherheitsgründen stehend),
streicht man nun mit der Gerte den
Hals, Brust und Beine des Pferdes ab
und fordert das Pferd mit leichtem Zupfen an der Kette oder am Strick auf, den
Kopf zu senken. Das Abstreichen mit
der Gerte signalisiert dem Pferd, tief zu
atmen und den Hals fallen zu lassen.
Die Gerte hat den Vorteil, dass ich mehr
Abstand zum Pferd habe und mich
freier bewegen kann. Natürlich
kann ich stattdessen auch die Hand
verwenden.
Häufig ist diese Übung auch ohne Gerte,
dafür meist mit Schnurhalfter zu sehen.

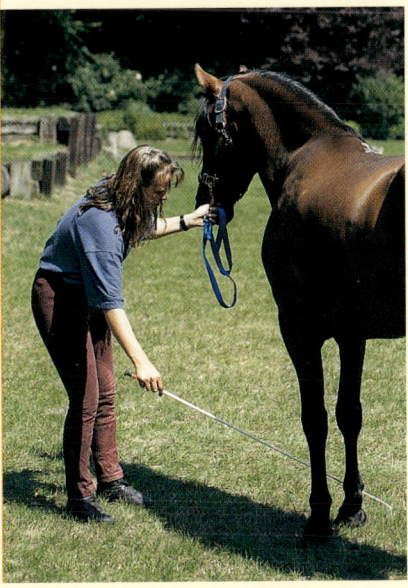

Sorgt für Entspannung:
das Kopfsenken

Viele Pferde untersuchen zuerst die Plastikplane, hier gehalten von Linda Tellington-Jones und einer Helferin, bevor sie den Kopf senken und dem Menschen folgen.

Zusätzlich wird statt dem Zupfen ein stetiger Zug nach unten verwendet, der erst nachlässt, wenn das Pferd den Kopf senkt und sofort wieder einsetzt, sobald es den Kopf wieder hochnimmt. Probieren Sie aus, was für Sie besser funktioniert.

Eine andere Möglichkeit besteht darin, mit der einen Hand das Genick des Pferdes mit sanftem Druck hinunterzumassieren, während die zweite Hand am Nasenstück des Halfters einen impulsartigen, leichten Abwärtsdruck ausübt und dabei den Kopf langsam hin und her bewegt.

Ohne Gerte kann man auch mit beiden Händen den Nasenriemen des Halfters fassen und das Pferd durch sanftes Hin- und Herbewegen des Kopfes mit leichtem Druck nach unten auffordern, den Kopf zu senken.

Ich beobachte immer wieder, dass Pferde unterschiedlich gut auf die verschiedenen Aufforderungen zum Kopfsenken reagieren. Probieren Sie am besten alle aus und entscheiden Sie dann, bei welcher/welchen Sie bleiben möchten.

Ganz wichtig ist, dass Sie von Ihrem Pferd nicht zu viel verlangen. Schon eine Senkung des Kopfes um wenige Zentimeter im Vergleich zur normalen Haltung kann für ein Pferd mit Balanceproblemen eine enorme Herausforderung bedeuten.

Funktioniert das Kopfsenken vom Boden aus gut, können Sie es auch im Sattel sitzend ausprobieren.

Die Gewöhnung an Seile muss zuerst im Stehen, später im Gehen erfolgen. Hier wird das Pferd von Linda Tellington-Jones mit Gerte und Seil abgestrichen.

Berührungen

Besonders junge, noch nicht gerittene Pferde fürchten sich häufig vor allerlei Berührungen. Bekommen Sie dann die Schenkel des Reiters, ein flatterndes Kleidungsstück, einen Zweig im Wald oder die Gerte zu spüren, erschrecken sie und rennen los. Um dem vorzubeugen, bietet es sich an, das Pferd mit allerlei Berührungen vertraut zu machen. Pferde, die keine schlechten Erfahrungen damit gemacht haben, streiche ich bei der Bodenarbeit und beim Reiten gerne mit der Gerte ab. Damit gewöhne ich sie an Berührungen, nehme ihnen die Angst vor diesem Hilfsmittel und erinnere sie daran zu atmen. Durch das Abstreichen kann man außerdem wunderbar die Aufmerksamkeit eines Pferdes lenken. Ein Abstreichen der Beine erdet, ein Abstreichen des Halses vertieft die Atmung und ein Abstreichen des ganzen Körpers macht dem Pferd seinen Körper bewusster. Zusätzlich können Sie auch Ihre Hände, Tücher, Decken, Plastik und diverse andere Gegenstände benutzen, um das Pferd mit unterschiedlichen Berührungen vertraut zu machen.

Die Arbeit mit den Seilen

Die Arbeit mit den Seilen habe ich bei Linda Tellington-Jones kennen gelernt. Sie eignet sich hervorragend als Teil des Scheutrainings, weshalb ich sie hier vorstellen möchte. Besonders bei Pferden, die Angst vor Berührungen, vor Dingen oder Geräuschen, die von hinten kommen, haben und als Vorübung aufs Verladen ist sie von unschätzbarem Wert.

Für die Arbeit mit den Seilen benötigen Sie zumindest bei den ersten Übungen immer einen Helfer. In meinen Kursen lasse ich sogar gerne vier oder fünf Leute an einem Pferd arbeiten. So können sich die Teilnehmer gegenseitig helfen und die Pferde lernen, gelassener zu werden.

Am Anfang steht immer das Bekanntmachen mit den Seilen. Während einer das Pferd hält, zeigt der andere ihm die Seile, lässt es daran schnuppern und streicht es damit ab.

Ringelschwanz: Mit dieser Konstruktion können Sie das Pferd zwar anhalten, aber noch nicht lenken. Hier zeigt Linda Tellington-Jones die Arbeit mit den Führseilen.

innert. Machen Sie Ihr Pferd erst mit dem Abstreichen (Gerte ohne Seil) vertraut, bevor Sie das Seil um den Hals des Pferdes knoten (Verwenden Sie einen Knoten, der sich nicht zusammenzieht und leicht wieder zu lösen ist). Wickeln Sie dann das Ende des Seils um die Gerte und streichen das Pferd an der Schulter beginnend langsam ab.

Kobra

Stellen Sie sich mit einem Helfer jeweils auf einer Seite des Pferdes auf. Nehmen Sie ein Seil doppelt, verdrehen Sie es ein Stück weit und reichen Ihrem Partner die offenen Enden über den Pferderücken hinweg. Bitten Sie ihn dann, Ihnen das eine Stück vor der Brust des Pferdes und das andere unter dem Bauch hindurch zu reichen. Anschließend führen Sie die beiden Seilenden durch die Schlaufe auf Ihrer Seite. Um das Pferd zu stoppen, zupfen Sie an dem Seil, das vorne um die Brust verläuft. Mit dem anderen Ende können Sie einen Gurt simulieren, was für junge Pferde eine gute Vorbereitung aufs Gurten und Satteln ist.

Ringelschwanz

Um Pferde mit den Seilen am Rumpf und um die Hinterhand vertraut zu machen, eignet sich diese einfache Technik, die ihren Namen daher hat, dass das um die Gerte gewickelte Seil an den Ringelschwanz eines Schweinchens er-

Tipp **T**

Zwei Merksätze zur Arbeit mit den Seilen
1. Achten Sie darauf, dass Sie und Ihr Helfer immer auf der gleichen Seite des Pferdes sind. Sollte das Pferd erschrecken, wird es von Ihnen wegspringen und niemanden über den Haufen rennen.
2. Was im Stehen gut ist, ist im Laufen noch lange nicht gegessen! Machen Sie alles zuerst an Ihrem ruhig stehenden Pferd und probieren dann, ob es das Gleiche im Schritt auch akzeptiert.
Gleiches gilt für die beiden Seiten eines Pferdes. Machen Sie alle Übungen immer auf beiden Seiten. Viele Pferde lassen sich von einer Seite alles gefallen und flippen auf der anderen bei jeder Kleinigkeit aus.

Wenn es sich so an Rumpf und Kruppe berühren lässt, können Sie die Gerte entfernen und mit dem Seil weiterarbeiten. Während Ihr Helfer das Pferd führt, schlenkern Sie vorsichtig mit dem Seil. Bleiben Sie bitte beide auf derselben Seite und achten Sie darauf, nicht zu nahe am Pferd zu laufen. Akzeptiert Ihr Pferd dieses Vorgehen auf einer Seite, probieren Sie das Gleiche auf der anderen. Anschließend können Sie beide Leinen um den Pferdehals knoten und so „fahren". Sie brauchen jedoch immer noch Ihren Helfer, da Sie das Pferd so zwar stoppen (Stimmkommando nicht vergessen!), aber nicht lenken können.

Das Fahren vom Boden aus

Erst, wenn Sie die Leinen durch einen Longiergurt oder die hochgeschnallten Steigbügel eines Sattels führen und am Halfter befestigen, können Sie Ihr Pferd auch lenken. Behalten Sie jedoch Ihren Führer, bis Sie sicher sind, dass das Pferd Ihre Signale versteht. Selbst dann sollten Sie das Fahren alleine jedoch nur auf einem umzäunten Platz üben. Das Abwenden wird einfacher, wenn Sie die Seile nicht direkt durch die Ringe des Gurts laufen lassen, sondern zusätzlich eine kleine Schlaufe lassen. Denken Sie daran, klare (Stimm-) Signale zu geben und dem Pferd Zeit zum Reagieren zu lassen. Wenn Sie sich mal von Mensch zu Mensch gegenseitig „fahren", merken Sie, wie groß der Übersetzungsweg über die Seile ist!

Flattervorhang

Eine Mischung aus dem „Unten durch" und den Berührungen stellt der Flattervorhang dar, weshalb Sie ihn Ihrem Pferd am besten erst dann präsentieren, wenn es gelassen unter einem Durchgang hindurchmarschiert und sich mit Plastikbändern berühren lässt. Sicherheitshalber sollten Sie die Flatterbänder anfangs trotzdem zur Seite binden und dann nach und nach von außen nach innen wieder herunterlassen, bis Ihr Pferd gelassen durch den vollständigen Vorhang läuft. Auch bei diesem Hindernis sollten Sie daran denken, weit genug vorne und seitlich zu gehen und es von beiden Seiten zu üben.

Tipp

Suchen Sie sich fürs erste Üben einen windstillen Tag aus oder üben Sie anfangs mit dem Wind, so dass die Bänder von Ihnen wegwehen.

Die Ruhe selbst: Das Pferd lässt sich in entspannter Haltung eine Plane über den Rücken legen.

Aussacken

Um ihre Pferde an verschiedene Reize zu gewöhnen, nutzen Westernreiter häufig das so genannte Aussacken. Dabei wird das Pferd, meist im Round Pen, mit verschiedenen Materialien konfrontiert. Der Trainer berührt das Pferd zum Beispiel mit einer Decke oder raschelt mit einem Stück Plastik. Weicht es dem aus, beziehungsweise bewegt es sich, wird es weggetrieben und muss eine oder mehrere Runden laufen. Ziel ist, dass es schließlich unangebunden stehen bleibt, wenn es mit allen möglichen Gegenständen berührt oder verschiedenen Geräuschen ausgesetzt wird. Der Vorteil dieses Vorgehens liegt darin, dass das Pferd jederzeit frei ist, seine Reaktionen deutlich zeigen und weg-

Wichtig

Anatomie des (Er-) Schreckens

Achten Sie beim Training immer auch auf die Körperhaltung. Methoden, bei denen das Pferd immer wieder daran erinnert wird, den Kopf tiefer zu nehmen und sich zu entspannen, wirken sich auch physiologisch und anatomisch günstiger auf das Pferd aus als solche, bei denen es immer wieder abrupt stoppt, den Kopf hochreißt und den Rücken wegdrückt.

Zuerst streichen Sie von außen das Pferde-
maul mit der Hand ab,

führen dann die Finger an den zahnlosen
Laden ins Maul ...

laufen kann. Zeigt es unter diesen Bedingungen keine Angst, wird es vermutlich auch während des Reitens und Füh-
rens ruhig bleiben. Andererseits finde
ich dieses Vorgehen viel heikler als das
ruhige Führtraining (siehe auch „Über
den Sinn und Unsinn von Lob und Strafe") und denke, dass der Stress fürs
Pferd größer ist.

Maul und Emotionen

Wie im Kapitel bei den „Fünf F der
Furcht" angesprochen, besteht eine
enge Verbindung zwischen dem Maul
und dem Limbischen System. Deshalb
eignet sich eine Massage des Maul- und
Nüsternbereichs hervorragend, um
Pferde aus einem erstarrten Zustand zu
wecken, sie zum „Denken" und Mitar-
beiten anzuregen und um die Lerner-
fahrung zu vertiefen. Günstig für die
Maularbeit ist es, besonders wenn Sie
es zum ersten Mal machen, dass das
Pferd gelernt hat, ruhig zu stehen und
den Kopf zu senken. Wir stehen seitlich

zum Pferd und halten dessen Kopf
leicht mit der Hand am Halfter. Durch
Abstreichen stellen wir Kontakt her und
bereiten die Maul- und Nüsterngegend
vor. Die Nüstern des Pferdes können

... und massieren dann das
Zahnfleisch.

OBEN: *„Gefährliche" Hindernisse wirken sofort freundlicher, wenn das Pferd dort etwas Futter findet. Hier lockt Linda Tellington-Jones das Pferd mit einem guten Bissen auf die Plane.* UNTEN: *Man muss jedoch aufpassen, dass man das Pferd mit dieser Methode nicht zum Betteln erzieht.*

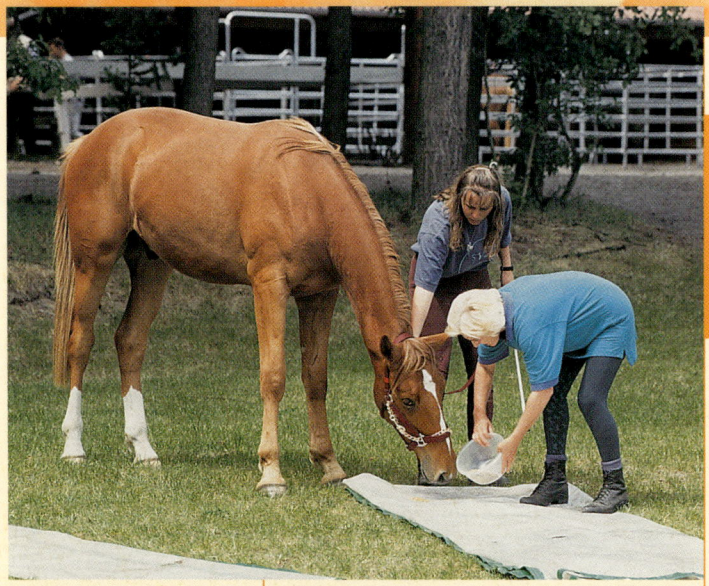

Tipp T

Üben Sie die Maularbeit nicht dann zum ersten Mal, wenn Sie sie wirklich brauchen, sondern in einer ruhigen Situation, wenn Sie und Ihr Pferd entspannt sind!

sehr beweglich sein. Somit ist es möglich, mit Daumen und Zeigefinger den Nüsternrand zu fassen, kreisende Bewegungen zu machen und ihn so auch nach außen zu öffnen. Für die eigentliche Maularbeit umfassen wir die Oberlippe und machen mit ihr kreisende Bewegungen. Die Unterlippe passt meist genau in unsere Handfläche und lässt sich so sanft kreisend bewegen. Ist ein Pferd am Anfang verunsichert und versucht den Kopf hochzunehmen, folgen

Tipp T

Die Rolle der Körpersprache
Überprüfen Sie beim Scheutraining immer wieder Ihre eigene Position und Körpersprache. Denken Sie daran, tief in den Bauch ein- und vor allem wieder auszuatmen, ausgeglichen auf beiden Beinen zu stehen, ruhigen Schrittes zu laufen und Ihrem Pferd ein Bild der Gelassenheit zu vermitteln.

wir seinen Bewegungen so gut es geht und führen seinen Kopf mit der Hand am Halfter immer wieder nach unten. Versuchten wir, es in dieser Situation festzuhalten, würde es uns das Halfter aus der Hand reißen (Druck erzeugt Gegendruck!). Um in das Maul zu gelangen, schieben wir unsere Hand vorsichtig vom Maulwinkel her unter die Oberlippe und fahren auf dem Zahnfleisch hin und her. An der Innenseite der Unterlippe können wir mit dem Daumen kleine Kreise machen. Bei einem trockenen Maul empfiehlt es sich, die Hand nass zu machen. Zum Abschluss streichen wir wieder ruhig über Maul und Nüstern des Pferdes.

Leckerlis

Über den Einsatz von Leckerlis im Pferdetraining sind die Meinungen geteilt. Die Vorteile beim Scheutrainig liegen auf der Hand: „Gefährliche" Hindernisse wirken sofort freundlicher, wenn das Pferd dort etwas Futter findet. Andererseits ist die Gefahr groß, das Pferd damit so zu erziehen, dass es ohne Leckerlis überhaupt nichts mehr macht. Mir geht es deshalb bei der Verwendung von Leckerlis nicht darum, das Pferd mit Futter zu locken! Das Pferd soll sich bewusst dem Scheutraining stellen und nicht dem Futter hinterherrennen, ohne dass es merkt, was es tut. Wählen Sie am besten Körner oder Ähnliches, die das Pferd gut kauen und an denen es sich nicht verschlucken kann.

Pro und Contra Leckerlis

Die Diskussionen um die Verwendung von Futter im Pferdetraining sind fast so alt wie die Ausbildung von Pferden selbst. Ich kenne ungefähr genauso viele Argumente dafür wie dagegen und entscheide von Pferd zu Pferd und von Situation zu Situation, ob ich mit oder ohne Futter arbeite. Generell tendiere ich dazu, die Methode zu wählen, die am besten funktioniert. Auch Ihnen rate ich, dieses Thema nicht dogmatisch zu sehen, sondern den Einsatz von Leckerlis flexibel zu handhaben. Hier eine kleine Entscheidungshilfe:

mit Futter

○ wenn das Pferd sich dadurch beruhigen lässt; um das parasympathische Nervensystem anzusprechen, das für Entspannung zuständig ist

○ wenn ich das Pferd so aus dem Freeze-Zustand herausbringe (siehe die „Fünf F der Furcht")

○ damit das Pferd unser Scheutraining in guter Erinnerung behält und gerne mitmacht

ohne Futter

○ wenn das Pferd sonst nur noch ans Futter denkt

○ wenn das Pferd sonst rüpelig und frech wird

○ damit ich mich nicht von Leckerlis abhängig mache

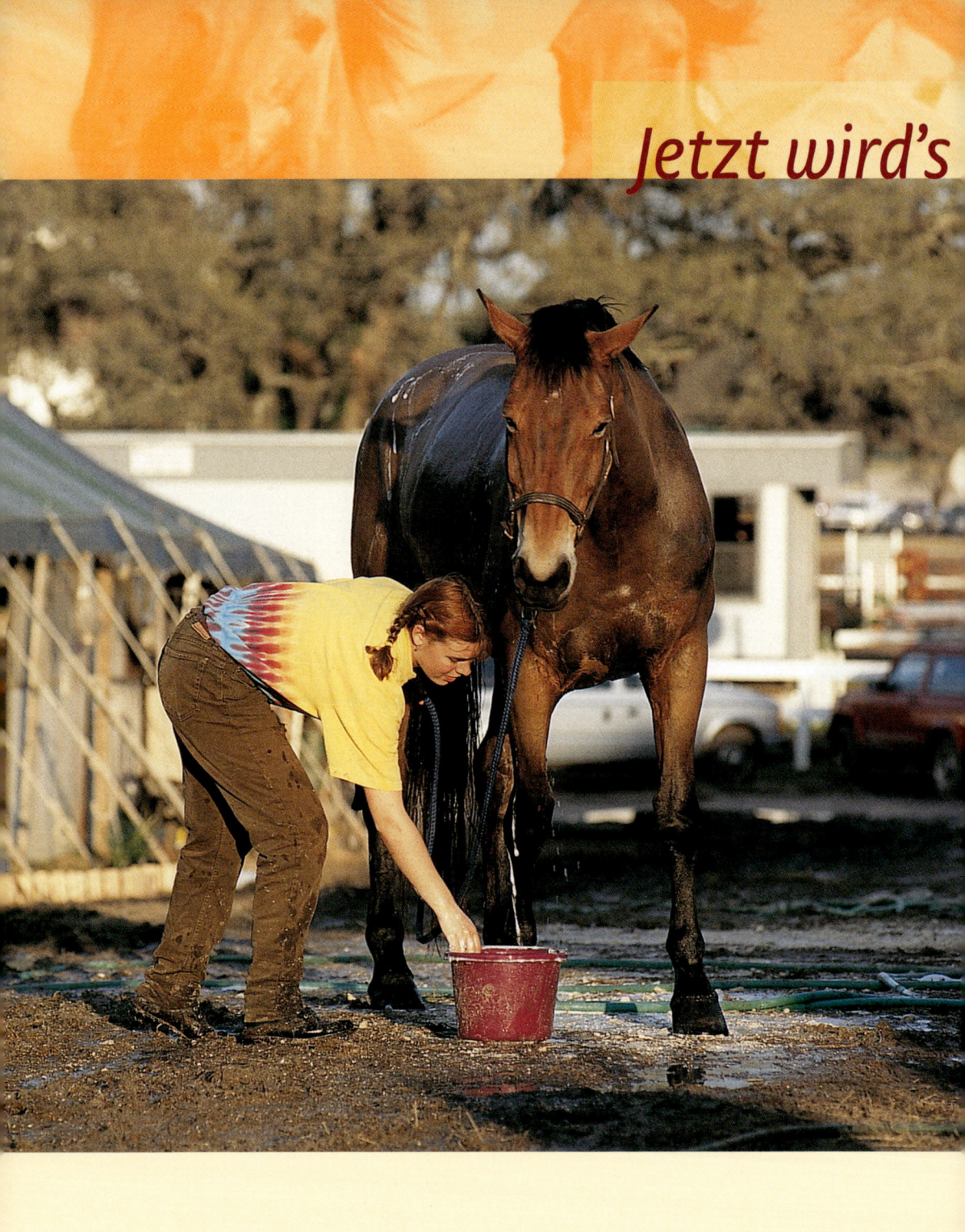

ernst

Wie gesagt empfehle ich dringend, mit den Übungen zu beginnen, bevor es zum Notfall kommt. In unserer hochtechnisierten Umwelt sollte das Überwinden des Fluchtreflexes durch Scheutraining zur Grundausbildung jedes Pferdes gehören. Deshalb möchte ich hier ein paar typische Gefahrensituationen aufgreifen und Ihnen einige Ratschläge dazu vermitteln.

Neben einigen Erklärungen zu dem jeweiligen Problem finden Sie als Vorbereitung Übungen aus dem vorhergehenden Kapitel, die eine gute Grundlage für das Herangehen an solche „Angstmacher" darstellen.
Mit „Tipp" habe ich solche Ratschläge gekennzeichnet, die oft übersehen werden. Sie sind sehr einfach zu berücksichtigen und können einen großen Unterschied bewirken.

Sicherheit in Stall, Bahn und Gelände

Die meisten Unfälle passieren bekanntlich zu Hause. Vermeiden Sie deshalb schon im Stall, im Auslauf und in der Reitbahn, wenn möglich, gefährliche Situationen und üben Sie kritische Alltagssituationen, bevor etwas passiert. Dazu gehört zum Beispiel auch, dass Ihr Pferd lernt stillzustehen, wenn Sie es von ihm verlangen.

„Den Tiger zähmen"
Eine wunderbare Übung aus der TT.E.A.M-Arbeit hierzu ist das „Zähmen des Tigers". Dabei handelt es sich um eine Art des Anbindens, die wir bei jungen und schwierigen Pferden oder wenn ein Pferd in einer besonderen Situation wie beim Schmied oder beim Tierarzt Probleme macht, verwenden. Sie ist nicht zu verwechseln mit dem beidseitigen Anbinden, das viele Pferde zum Steigen provoziert.

Bunte Luftballons und Stangen eignen sich hervorragend zum Scheutraining.

Das Verschnallen der Kette

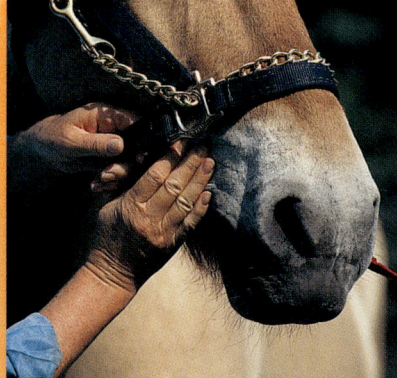

„Den Tiger zähmen"

Um den „Tiger" zu zähmen, brauchen wir eine TT.E.A.M-Kette oder ein Führseil und ein 4-5 m langes Seil (je nach Größe des Pferdes). Die Kette verschnallen wir wie auf dem Bild ersichtlich. Damit sie besser durch die Halfterringe gleitet, sollten diese rund oder abgerundet sein. Das lange Seil knüpfen wir auf der anderen Seite an den Halfter-

ring, führen es durch einen Anbindering oder um einen stabilen Pfosten und zurück durch den unteren Halfterring. Wichtig ist auch hier, dass das Seil durch beide Ringe bzw. um den Pfosten gut gleitet. Außerdem ist darauf zu achten, dass wir eine stabile Vorrichtung zum Anbinden wählen und der Ring sich ungefähr auf Maulhöhe des Pferdes befindet oder das Seil am Pfosten nicht nach oben oder unten verrutschen kann. Die Anbindevorrichtung muss sich auf jeden Fall an einer Wand oder einem Zaun befinden, damit das Pferd nicht seitlich ausweichen kann. Parallel zu dieser seitlichen Begrenzung stellen wir das Pferd nun auf und halten anfangs die Führkette und das Seil mit je einer Hand. Solange das Pferd ruhig steht, halten wir einen sehr feinen Kontakt über die Leinen. Wird es unruhig, können wir seine Bewegungen sanft abfangen. Will es mit der Hinterhand ausweichen, bewegen wir seinen Kopf am entsprechenden Seil auf die gleiche Seite. Mit einiger Übung können

Ⓣ Tipp

Bauen Sie ruhiges Stehenbleiben immer wieder in den Alltag ein. So fördern Sie die Flexibilität des Pferdes – und Ihre eigene.
Üben Sie „Den Tiger zähmen" frühzeitig, wenn Sie wissen, dass Ihr Pferd beim Schmied oder Tierarzt Probleme macht. Rücken Sie in einer Extremsituation auch noch mit Seilen an, dreht Ihr Pferd eventuell ganz durch.

Sie auch beide Seile in eine Hand nehmen und mit der anderen das Pferd putzen oder verarzten.

Pfützen

Wenn ein Pferd die Wahl hat, wird es fast immer an einer Pfütze vorbei- und nicht durch sie hindurchgehen. Warum sollte es auch dieses Risiko eingehen? Es kann weder sehen, wie tief das Wasser, noch wie der Untergrund beschaffen ist. Deshalb zwinge ich ein Pferd auch nicht prinzipiell durch jede Pfütze. Ich verlange aber, dass es bei Pfützen nicht plötzlich auf die Seite springt oder in letzter Sekunde abrupt stehen bleibt und sich, wenn ich das will, von mir problemlos durchs Wasser lenken lässt. Vorbereitung: Plastik, Arbeit mit den Seilen, Führen zu zweit, Reitplatz nach Dauerregen.

Tipp

Das größte Problem besteht meistens darin, ein Pferd gerade an eine Pfütze heranzuführen beziehungsweise zu reiten. Ein einfacher Trick besteht darin, mit Absperrungen oder einfach mit auf den Boden gelegten Stangen ein V in Richtung Pfütze zu legen. Dann können Sie das Pferd ganz bequem „einfädeln" und gerade wie auf Schienen aufs Wasser zureiten.

Holzstapel und Silageballen

Ich kenne ein ganz nettes und zuverlässiges Pferd, das im Gelände schon fast nach Holzstapeln und herrlich weiß eingepackten Silageballen zu suchen schien, um endlich mal wieder Grund für einen Satz auf die Seite zu haben. Ich habe mir dann einmal die Zeit genommen und bin auf einer trockenen, abgemähten Wiese eine halbe Stunde lang um die Silageballen geritten. Bald konnte ich mich mit Zirkeln, Volten und Seitengängen in allen Gangarten vergnügen, konnte das lieber Tier jederzeit anhalten und rückwärts richten, das Scheuen war ihm zu blöd geworden. Wenn wir jetzt an solchen „Gespensterwohnungen" vorbeikommen, stellt es zwar immer noch ab und zu die Ohren, ein „Ja, ja, ich weiß schon," von mir reicht aber und wir können am hingegebenen Zügel weiterreiten. Es lohnt sich also tatsächlich, das Thema Silageballen oder Holzstoß einmal richtig in Angriff zu nehmen und auszudiskutieren. Schon alleine deshalb, weil Sie dann wissen, dass Ihr Pferd ganz normal daran vorbeilaufen kann, und Sie Grund haben, das von ihm zu verlangen und zu erwarten.

Begegnen Sie trotzdem im Gelände irgendeinem Gegenstand, den Ihr Pferd ganz schrecklich gefährlich findet, gibt es mehrere Möglichkeiten, damit umzugehen. Sie können Ihr Pferd erst mal anhalten lassen und es dann langsam zum Stein des Anstoßes hinreiten. Dort

Ein Strohballen auf dem Feld lässt sich genauso zum Scheutraining verwenden wie frisch angelieferte Hackschnitzel auf dem Reitplatz.

darf es daran schnuppern, wird ausgiebig gelobt und bekommt vielleicht sogar ein Leckerli. Dieses Vorgehen empfehle ich vor allem bei jungen Pferden. Bei älteren können Sie auch energischer durchgreifen und sie zum Beispiel im Schenkelweichen an dem Hindernis vorbeilaufen lassen. Damit durchbrechen Sie den Reflex zum Weglaufen und stellen das Pferd quasi vor die Wahl, entweder gelassen vorbeizulaufen oder seitwärts zu gehen und sich so mehr anstrengen zu müssen.
Vorbereitung: Plastik, Engpass, Training mit verschiedenen Gegenständen und Leuten.

Wind und Wetter

Viele Pferde reagieren auf bestimmte Wetterlagen mit Nervosität. Wenn die Tiere sich auf der Weide oder im Auslauf frei bewegen dürfen, können sie das Mehr an Energie meist problemlos durch Herumrennen und Spielen loswerden. Müssen sie jedoch den ganzen Tag in der Box stehen, entlädt sich die Aufregung bevorzugt unter dem Reiter. Um Unfälle zu vermeiden, empfehle ich Ihnen, wenn Sie Angst vor dem überschießenden Verhalten Ihres Pferdes haben, diesem vorübergehend die Möglichkeit zu geben, sich vor dem Reiten abzureagieren. Das sollte jedoch nicht zur Dauerlösung werden! Sonst lernt Ihr Pferd, dass es, wenn es aus der Box geholt wird, erst mal rennen darf, bevor es arbeiten muss. An erster Stelle muss

T *Tipp*

In der Gruppe sind viele Pferde mutiger. Veranstalten Sie doch ab und zu einen Trainingsritt, in den Sie ein bisschen Gehorsams- und Gelassenheitsübungen einbauen.

Ein Ausritt bei Wind ist nicht jedem Pferd geheuer.

Autos, LKW und Traktoren

Der Straßenverkehr ist fast schon ein Kapitel für sich, weil es hier besonders leicht zu schlimmen Unfällen kommt. Vermeiden Sie, bis Ihr Pferd verkehrssicher ist, das Reiten an Straßen. Geht das nicht, bemühen Sie sich um die Begleitung eines zuverlässigen Pferdes, das auf der dem Verkehr zugewandten Seite läuft. Steigen Sie an der Straße ab und führen Sie, wenn Sie sich dann sicherer fühlen. Sie können auch versuchen, die Autofahrer per Handzeichen aufzufordern langsamer zu fahren. Achtung: Das funktioniert leider nicht immer, oft winken die Insassen nur fröhlich hupend zurück. Sind Sie im ländlichen Raum unterwegs und ein einzelner Traktor kommt Ihnen entgegen, können Sie vielleicht ein Stück auf die Seite reiten. Versuchen Sie jedoch nach Möglichkeit, Schäden in Äckern und Wiesen zu vermeiden. Die meisten Pferde fürchten sich vor allem vor Fahrzeugen, die von hinten kommen. Wenn

immer der Versuch stehen, die Ursachen zu beseitigen. In diesem Fall müssten also die Haltungsbedingungen geändert werden.Die anderen Faktoren (Geräusche, die bei Sturm entstehen; das Flattern von Plastiktüten und Papierfetzen im Wind; wogende Büsche und Bäume etc.) können Sie trainieren und so Ihr Pferd wind- und wetterfest machen. Beginnen Sie das Training am besten schon bei Sonnenschein. Vorbereitung: Geräusche, Plastik.

Die meisten Pferde fürchten sich vor Traktoren.

Tipp

Motorengeräusche lassen sich wunderbar auf Kassette aufnehmen und im Stall oder am Reitplatz abspielen.

Super Vorbereitung auf eine „echte" Brücke: entsprechende Hindernisse im Trail-Parcours

es die Situation zulässt, können Sie Ihr Pferd auf wenig befahrenen Straßen unter Umständen wenden und mit Blick Richtung Fahrzeug oder seitlich dazu aufstellen. Bleiben Sie nach dem Umdrehen jedoch nicht stocksteif stehen und lassen Sie nicht zu, dass Ihr Pferd das „Ungeheuer" anstarrt wie ein Kaninchen die Schlange. Reiten Sie lieber flüssig weiter und rahmen Ihr Pferd gut mit Schenkeln und Zügeln ein.

Für Züge gelten ganz ähnliche Regeln wie bei anderen Fahrzeugen. Wenn möglich sollte die erste Begegnung mit einem Zug im Beisein eines zuverlässigen Artgenossen erfolgen. Sorgen Sie außerdem für Platz zum Ausweichen. Vorbereitung: Geräusche, Fahren vom Boden aus.

Unterführungen, Tunnel, Brücken

Besonders auf Wanderritten kann es immer passieren, dass man plötzlich vor einer Unterführung oder Brücke steht. Dann ist es gut, wenn man sein Pferd vorher an Engpässe und verschiedene Geräusche gewöhnt hat. Lassen Sie allen Pferden Zeit, sich an die Lichtverhältnisse zu gewöhnen, bevor Sie einen Tunnel in Angriff nehmen. Gehen Sie dann mit dem ruhigsten Pferd voraus, achten Sie jedoch darauf, dass die anderen nachkommen. Ein ängstliches Pferd, dessen Kameraden sich schon auf der anderen Seite befinden, kann nicht mehr denken und reagiert nur noch panisch. Laufen/reiten Sie so langsam wie möglich. Machen Sie vielleicht nur ein paar Schritte, halten an, machen wieder ein paar Schritte … So vermeiden Sie, dass die Pferde Angst vor dem Lärm ihrer eigenen Hufe kriegen und losstürmen.

Vorbereitung: Führen/Reiten über verschiedene Untergründe (besonders Bretter), Wippe, Unten durch, Engpass.

Tipp

Suchen Sie sich fürs erste Üben lieber einen ruhigen Tunnel aus und nicht die Eisenbahnunterführung am Hauptbahnhof, über die alle paar Minuten ein Zug donnert.

Fahrradfahrer, besonders wenn sie von hinten kommen, haben schon manchem Pferd einen Riesenschreck eingejagt.

Treibt vielen Reitern den Angstschweiß auf die Stirn, lässt sich aber in Ruhe üben: die Begegnung mit Kühen.

Menschen

Uns als Reitern ist vollkommen klar, dass man sich einem Pferd nicht von hinten nähert, ein fremdes Pferd nicht einfach anfasst, keine hektischen Bewegungen macht oder plötzlich hinter einem Busch hervorgeschossen kommt – vielen Spaziergängern, Joggern und Radfahrern jedoch nicht. Entschärfen Sie deshalb Situationen mit anderen Leuten ganz einfach dadurch, dass Sie mit ihnen reden und ihnen erklären, wie Pferde reagieren. Seien Sie im Gegenzug so nett, rechtzeitig zum Schritt durchzuparieren oder anzuhalten und Spaziergänger zu grüßen. Vorbereitung: Die beste Vorbereitung ist ein Stall, in dem immer was los ist, in dem viele Menschen ein- und ausgehen und in dem ein fröhliches Miteinander herrscht. Spezielle Situationen wie Familie mit Kinderwagen, Frau mit Regenschirm, Mann im Regencape oder Fahrradfahrer von hinten lassen sich zudem ganz gezielt üben.

Tipp

Veranstalten Sie doch mal einen Erlebnisnachmittag im Stall, zusammen mit nicht-reitenden Freunden und Verwandten. Zuerst erzählen und zeigen Sie ein bisschen was mit den Pferden, dann wird gemeinsam geübt und anschließend gibt's ein leckeres Picknick.

Hunde, Vögel und andere Tiere

Wenn ein Hund kläffend auf uns zugesprungen kommt oder ein Vogel neben uns im Gebüsch aufflattert, erschrecken wir meist genauso wie unsere Pferde. Das Üben ganz unterschiedlicher Situationen mit möglichst vielen verschiedenen Reizen und eine Haltung, bei der das Pferd seine Umwelt hautnah miterleben kann, sind diesbezüglich die beste Lebensversicherung.

Gut als Vorbereitung aufs Verladen: die Wippe

Von wegen „Geschafft!" – Gerade den letzten Schritt, das Schließen der Klappe, erleben manche Pferde als Bedrohung.

Verladen

Probleme mit Transportern oder Pferdehängern gibt es fast so viele wie es Pferde gibt. Leider steigen nur wenige Pferde sicher und ruhig ein und aus. Dabei ist es so einfach, ein Pferd auf den Hänger vorzubereiten! Gemäß unserer „Regel der kleinen Schritte" können wir all die unheimlichen Dinge einzeln betrachten und so dem Pferd den Weg in den Hänger erleichtern.

Vorbereitung: Bretter (polterndes Geräusch beim Betreten der Rampe), Rückwärtsrichten am Hang oder auf der Wippe (Aussteigen), Kopfsenken, Unten durch, Engpass, ruhig stehen bleiben, Begrenzung von hinten.

 Tipp

Ein erfahrener Pferdefreund, der beim Verladen dabei ist oder im Hänger auf den Angsthasen wartet, kann bei manchen Pferden Wunder wirken. Wählen Sie auf jeden Fall einen Pferdekollegen, der auch in Extremsituationen absolut ruhig bleibt und machen Sie ihm die Mitarbeit angenehm, indem Sie ihn häufig loben, ihn nicht zu lange warten lassen und ihm währenddessen etwas zu fressen geben!

Maularbeit hilft oft Wunder, wenn ein Pferd wie festgefroren vor dem Hänger steht.

Den Transporter seitlich zu begrenzen, hilft dem Pferd, gerade und ohne Ausweichen einzusteigen. Egal ob Sie einen Zaun, Seile oder Stangen als Begrenzung wählen, denken Sie immer an die Sicherheit aller Beteiligten (Pferde wie Menschen).

Schaffen Sie sich die bestmöglichen Voraussetzungen: einen stabilen, hellen Pferdehänger (Solche für zwei Pferde sind breiter und wirken dadurch meist einladender als Einerhänger. Vollpolyesterhänger stehen stabiler und wirken vertrauenserweckender als solche mit Plane.); eine rutschfeste Rampe; evtl. einen Zaun als Begrenzung auf einer Seite; das Equipment; genügend Helfer; eine ruhige Atmosphäre und vor allem viel Zeit.

sozusagen „täglich Brot", zuverlässig zu sein, keine Angst zu haben und seinem Reiter aufs Wort zu folgen.

Die Pferde werden meist mit drei bis fünf Jahren von der Polizei angekauft und von Grund auf selbst ausgebildet. Der Maßstab, der bei der Auswahl der „vierbeinigen Beamten" angelegt wird, entspricht dem, den die meisten Reiter an ihr Pferd auch stellen würden.

Es muss Nervenstärke besitzen, normal reagieren, nicht überempfindlich und eher etwas neugierig und frech sein und gute Rittigkeit besitzen. Der Leiter der Polizeireiter und sein Reitlehrer, die

Polizeipferde:
Scheufestigkeit als Dienstvorschrift

Nach dem Inbegriff von Scheufestigkeit und Vertrauen zwischen Pferd und Mensch befragt, denken viele Reiter an Polizeibeamte und ihre Pferde. Noch beeindruckender als Klaus Balkenhols Erfolge im Dressurviereck erscheinen ihnen die Schauvorführungen der berittenen Polizei. „Wie schaffen die das nur?" fragen sich die Zuschauer, „Können die zaubern?" Oder auch: „Sind die Pferde vielleicht sediert?" Weder noch. Was die Polizeipferde von vielen Turnier- oder Freizeitpferden unterscheidet, ist die feste Bindung, die sie zu ihrem Reiter haben und das regelmäßige Training. Für ein Polizeipferd ist es

Immer mit der Ruhe: Polizeipferde dürfen sich vor nichts fürchten.

das Pferd gemeinsam aussuchen, achten auf eine allgemeine Reitpferdeeignung, den äußeren Eindruck (das Gebäude) und die Abstammung der Remonte. Außerdem werden beim geplanten Ankauf verschiedene Geräusche entwickelnde Geräte mitgenommen, um mit einem solchen Vortest die Reaktionen des Pferdes und seine Nervenstärke anzutesten.

Wie die meisten ihrer zivilen Kollegen wohnen Polizeipferde in Boxen. Zwischendurch kommen sie, wenn möglich, auf die Koppel. Auch die Grundausbildung erfolgt dann ganz ähnlich wie bei den meisten „normalen" Reitpferden. Parallel zur Schulung bis mindestens Klasse A in Dressur und Springen wird intensive Gewöhnungsarbeit betrieben. Die Zeitdauer der Grundausbildung beläuft sich auf circa

zwei Jahre. Polizeipferde werden kontinuierlich weiter geschult. Wiederholungen werden in geringerem Umfang mit älteren Pferden praktiziert. Dies dient nicht nur dazu, den Ausbildungsstand des Pferdes auf einem guten Level zu halten, sondern auch der Gesunderhaltung des Tieres.

Der Alltag eines Polizeipferdes hingegen unterscheidet sich dann schon deutlich von unseren Freizeitpferden. Das Schwergewicht liegt auf der dressurmäßigen Grundlagenarbeit. Parallel dazu läuft die Gewöhnungsarbeit. Es schließen sich einzelne Streifen zuerst in der Natur und im Waldgebiet an, danach im Straßenverkehr und in der belebten Innenstadt. Gegen Ende der Ausbildungszeit folgen erste Einsätze bei Suchaktionen, Fahndungen, Fußballspielen und Ähnlichem. Die Schwerpunkte im Dienst selber liegen in Streifen und Einsätzen jeglicher Art. Gelegentliche Arbeit in der Reithalle beziehungsweise auf dem Reitplatz erhalten die Rittigkeit und Muskulatur. In unregelmäßigen Abständen erfolgt ein Gewöhnungstraining mit allen möglichen denkbaren äußeren Einflüssen, da ein Polizeipferd lernen muss, dass immer wieder neue Situationen eintreten, die an die Psyche des Pferdes sehr große Anforderungen stellen. Die häufigen Einsätze in turbulenter Umgebung bedeuten jedoch zunehmende Erfahrung und lassen die Pferde immer abgeklärter werden.

Nicht nur scheufest, sondern auch menschenfreundlich: Dienstpferde in Kontakt mit der Bevölkerung.

Wer zur berittenen Polizei möchte, muss die Einheitslaufbahn des Polizeibeamten absolvieren und sollte mindestens zwei Jahre Revierdienst geleistet haben und nach Möglichkeit das bronzene Reitabzeichen besitzen. Die Polizeipferde und die Reiter werden vom Reitlehrer und seinen Mitarbeitern ausgebildet. Der Reitlehrer muss zumindest Amateurreitlehrer sein, seine Mitarbeiter erfahrene Reiter und Polizeibeamte.

Die Polizei rät

Mit irgendwelchen Geheimtricks kann auch er nicht dienen. Norbert Hahn, Chef der berittenen Polizei Stuttgart, ist der Meinung, dass das Geheimnis vielmehr in der richtigen Gewöhnungsarbeit mit dem Vertrauen zum Reiter liegt. Und die richtige Gewöhnungsarbeit erfordere sehr viel pferdepsychologisches Wissen und vor allem Einfühlungsvermögen in die Psyche eines jeden einzelnen Pferdes.

Sein Tipp an alle Freizeitreiter: Versuchen Sie, sich mit der Sache eingehend zu befassen und dem Pferd durch einfache Grundübungen mit viel Geduld die Angst zu nehmen. Fluchtreflexe sollten so abgebaut werden. Außerdem muss darauf geachtet werden, den Pferden viel Bewegung zu verschaffen und sie nach Möglichkeit nicht vor den normalen Umwelteinflüssen abzuschotten.

Zum Weiterlesen

Bücher

Dresel, Birgit und Christiane Gohl
Das schwierige Pferd. Das Buch gibt Hilfestellungen beim Lösen häufiger Probleme wie Durchgehen, Steigen, Bocken oder Kleben. Kosmos Verlag, Stuttgart 2002.

Gast, Ulrike und Christiane
Die Gelände-Reitabzeichen in der Praxis. Richtiges Verhalten auf der Straße und im Gelände. Kosmos Verlag, Stuttgart 2002.

Gohl, Christiane
Pferde verstehen: Im Umgang und beim Reiten Körpersprache richtig deuten. Mit Profi-Tipps von Dr. med. vet. Barbara Schöning. Kosmos Verlag, Stuttgart 2001.

Merklin, Lily
Spiel und Spaß mit Pferden. Spiele für Stall, Reitplatz und Gelände, die jeder Reiter ohne großen Aufwand nachspielen kann. Kosmos Verlag, Stuttgart 2002.

Neumann Cosel, Isabelle von
Pferde verstehen leicht gemacht. Alles über Pferdeverhalten, Pferdepersönlichkeiten, Reaktionen und Bedürfnisse von Pferden. Kosmos Verlag, Stuttgart 2002.

Rau, Gisela
Notfallbuch für Geländereiter. Regeln für das Verhalten bei einem Notfall, Erste Hilfe bei Reiter und Pferd. Kosmos Verlag, Stuttgart 2003.

Schäfer, Michael
Die Sprache des Pferdes: Beschreibung von Lebensweise, Verhalten, Ausdrucksformen und Körpersprache. Kosmos Verlag, Stuttgart 1993.

Schöning, Dr. med. vet. Barbara
Clicker Training für Pferde. Mit Clicker Training zu den gewünschten Verhaltensweisen im Alltag, in unerwarteten Situationen, bei der Bodenarbeit und beim Reiten in der Bahn und im Gelände. Kosmos Verlag, Stuttgart 2000.

Schulz, Barbara
Wenn Pferde Langeweile haben. Neue Beschäftigungsideen und Spielmöglichkeiten für Pferde in der Box und im Paddock, für mehr Abwechslung im Pferdealltag. Kosmos Verlag, Stuttgart 2003.

Tellington-Jones, Linda
Die Linda Tellington-Jones Reitschule. Reiten mit Fairness und Freude, TT.E.A.M.-Bodenübungen und Führpositionen, Körperarbeit und verschiedene TTouches. Kosmos Verlag, Stuttgart 1996/2003.

Tellington-Jones, Linda
Die Persönlichkeit Ihres Pferdes. Die Kunst, Charakter und Temperament Ihres Pferdes zu bestimmen und zu beeinflussen. Kosmos Verlag, Stuttgart 1995/2003

Tellington-Jones, Linda
TTouch und TT.E.A.M. für Pferde. Gesunde, leistungsbereite und ausgeglichene Pferde. Für eine harmonische Mensch-Pferd-Beziehung. Kosmos Verlag, Stuttgart 2002.

Videos

Tellington-Jones, Linda
Reiten nach der TT.E.A.M.-Methode. Kosmos Verlag, Stuttgart 1999.

Tellington-Jones, Linda
Die Persönlichkeit Ihres Pferdes. Kosmos Verlag, Stuttgart 2000.

Tellington-Jones, Linda
TT.E.A.M.-Bodenarbeit. Kosmos Verlag, Stuttgart 2000.

Nützliche Adressen

Deutsche Reiterliche Vereinigung (FN)
Freiherr-von-Langen-Str.13
48231 Warendorf
Tel. +49-(0)2581-63620
Fax +49-(0)2581-62144
fn@fn-dokr.de
www.fn-dokr.de

Vereinigung der Freizeitreiter und -fahrer in Deutschland (VFD)
Auf der Hohengrub 5
56355 Hunzel
Tel. +49-(0)6772-964428
Fax +49-(0)6772-964429
www.vfdnet.de

TT.E.A.M. Deutschland
Bibi Degn
Hassel 4
57589 Pracht
Tel. +49-(0)2682-8886
Fax +49-(0)2682-6683
gilde@tteam.de
www.tteam.de

TT.E.A.M. Österreich
Martin Lasser
Spitalgasse 7
A- 2540 Bad Vöslau /
Gainfarn
Tel. +43-(0)664-1 250 252
tteam.office@aon.at
www.tteamoffice.at

TT.E.A.M. Schweiz
Cornelia Gerber
Sonnhalderain 16,
CH-3250 Lyss
Tel. +41-(0)32-38 5 38 05
Fax +41-(0)32-38 5 38 06
gilde@tteam-ttouch.ch
www.tteam-ttouch.ch

TT.E.A.M.® News Interna-
tional –
Der sehr empfehlens-
werte Newsletter mit
Linda Tellington-Jones
und vielen aktuellen In-
formationen und Artikeln
zu TTouch und TT.E.A.M.
erscheint 4x im Jahr auf
Deutsch und kann über
www.tteam.de bestellt
und abonniert werden.

Zu Seminaren, Lehrgän-
gen und Prüfungen rund
ums Pferd besuchen Sie
die Homepage der Kölner
Pferde-Akademie:
www.koelnerpferdeaka-
demie.de

Register

Impressum

Umschlag von eStudio Calamar unter Verwendung von 4 Farbfotos von Lothar Lenz (Hauptmotiv, kl. Motive oben u. Mitte) und Felix v. Döring/Kosmos (kl. Motiv, unten).

Mit 80 Farbfotos.

Bildnachweis

Farbfotos: Alle Fotos von Lothar Lenz, mit Ausnahme von: Felix v. Döring/Kosmos (S. 9 o.) Klaus-Jürgen Guni/Kosmos (S. 8, 17), Norbert Hahn (S. 61), Ralf Roppelt/Kosmos (S. 19), Christof Salata/Kosmos (S. 2/3 großes Motiv, 7 li., 13, 16, 27, 30, 33), Horst Streitferdt/Kosmos (S. 22 re., 23, 26).

Bibliografische Information
der Deutschen Bibliothek
Die Deutsche Bibliothek verzeichnet diese Publikation in der Deutschen Nationalbibliografie; detaillierte bibliografische Daten sind im Internet über http://dnb.ddb.de abrufbar.

Gedruckt auf chlorfrei gebleichtem Papier

© 2003, Franckh-Kosmos Verlags-GmbH & Co., Stuttgart
Alle Rechte vorbehalten
ISBN 3-440-09662-9
Redaktion: Katja Rohrer
Gestaltungskonzept: eStudio Calamar
Gestaltung: Atelier Krohmer, Dettingen
Produktion: Kirsten Raue,
Claudia Kupferer
Printed in Germany / Imprimé en Allemagne

Danksagung

Mein besonderer Dank gilt Linda Tellington-Jones. Sie hat eine wunderbare Art, jedes Tier als Individuum zu sehen und zu fördern. Die von ihr entwickelte TT.E.A.M.-Arbeit verbessert das Vertrauen zwischen Tier und Mensch und schafft eine gelassene Arbeitsatmosphäre. Vieles, was ich in diesem Buch vorstelle, ist der TT.E.A.M.-Methode entlehnt.
Ganz besonders danke ich auch Herrn Norbert Hahn, Leiter der Stuttgarter Polizeireiterstaffel, der uns einen Einblick in die Ausbildung und das Training der Polizeipferde gewährt und alle unsere Fragen geduldig beantwortet hat.
Lily Merklin

Informationen senden wir Ihnen gerne zu

Bücher · Kalender · Spiele
Experimentierkästen · CDs · Videos

Natur · Garten & Zimmerpflanzen ·
Heimtiere · Pferde & Reiten ·
Astronomie · Angeln & Jagd ·
Eisenbahn & Nutzfahrzeuge ·
Kinder & Jugend

KOSMOS

Postfach 10 60 11
D-70049 Stuttgart
TELEFON +49 (0)711-2191-0
FAX +49 (0)711-2191-422
WEB www.kosmos.de
E-MAIL info@kosmos.de